CÓMO SUPERAR LA ANSIEDAD Y LAS INSEGURIDADES EN LAS RELACIONES (2 EN 1)

CÓMO SUPERAR LA ANSIEDAD Y LAS INSEGURIDADES EN LAS RELACIONES (2 EN 1): MEJORA TUS HABILIDADES DE COMUNICACIÓN, CONTROLA LOS CELOS Y SUPERA LOS PATRONES DE PENSAMIENTO Y COMPORTAMIENTO NEGATIVOS

FAYE PALMER

DEVON HOUSE
PRESS

ÍNDICE

INTRODUCCIÓN

Dinero, una casa grande, un buen trabajo... ¿Son estas las "cosas" que hacen que nuestra vida sea buena? Pregúntele a varias personas y descubrirá que esto bien podría ser lo que creen. Pero, incluso si va un poco más allá, verá que la mayoría de las personas saben aquello que los sociólogos y psicólogos llevan diciendo desde hace años: ¡su calidad de vida depende principalmente de sus relaciones!

Piénselo. Puede tener dinero, una casa grande, e incluso un súper trabajo... Pero si no tiene nadie con quien compartir su vida... La consecuencia es obvia: pierden su valor. Por otro lado, con buenas relaciones, incluso una vida más modesta, una casa más pequeña, y un trabajo más humilde se pueden volver agradables.

Personalmente, pienso en los trabajos que he tenido (desde trabajar en una fábrica para pagar mis estudios hasta posiciones académicas) y,

¿sabe qué? Los que recuerdo con más afición no son necesariamente los bien pagados. ¡No! Haga lo mismo... Piense en sus trabajos anteriores... O incluso escuelas... ¿Cuál es su recuerdo más vívido sobre ellos? ¡Sus compañeros y sus colegas de trabajo! Mis trabajos favoritos fueron aquellos en los que tenía buenas relaciones.

Pero aquí va una pregunta para usted. ¿Cuántas relaciones (de cualquier tipo) ha tenido en su vida? No me cuente; no soy una persona entrometida... Sólo quiero que piense en ellas. Y ¿cuántas ha "conservado hasta ahora"? Muy pocas, imagino. Y usted no es una excepción.

Hay una cifra que se está barajando, (también en el Seminario de Amor de Hellen Chens) diciendo que el 85% de las "citas" terminan en fracaso. No puedo asegurar que esto sea cierto (veremos por qué luego...), pero seguro que muchas, si no la mayoría, de nuestras relaciones fracasan.

Y hay más... *Incluso las relaciones exitosas no están exentas de estrés, ansiedad y problemas.* De hecho, podemos decir sin temor a equivocarnos, que el porcentaje de relaciones que nunca han tenido un problema debe estar muy cerca del 0,000 y pico por ciento...

Y ahora pensemos en nuestras vidas. *¿Qué impacto tienen los problemas de relación en nuestras vidas?* De nuevo, no hace falta ir muy lejos para afirmar *que una buena parte de nuestro día la pasamos pensando (o preocupados) sobre nuestras relaciones sociales y personales.*

Hay estudios psicológicos y sociológicos que demuestran el impacto de las relaciones sociales:

- *Rendimiento laboral y escolar*
- *Nuestra respuesta al estrés y la enfermedad (incluso nuestro sistema inmunológico)*
- *Nuestro estado mental (incluida la capacidad de hacer frente a la demencia en nuestra vejez).*

En definitiva, pueden afectar a la mayoría de los ámbitos de nuestra vida. Y todos lo sabemos, lo hemos sentido en carne propia. Después de una ruptura, es difícil de funcionar. Ir a trabajar es una pesadilla, al igual que ir a la escuela. A menudo se pierde el apetito, se pierde la vitalidad, todo se vuelve gris, frío y negativo...

Qué pensamiento tan escalofriante... Así que, apartémoslo ahora... ¿Existe una solución para todos estos problemas de relación?

Suspenso...

Sí, pero espere, en este libro no le voy a dar una varita mágica. Como con todos los problemas personales e interpersonales, hay soluciones comprobadas para los problemas, pero requieren aplicación, habilidades e incluso tiempo para que funcionen.

Tendrá que dedicarle tiempo, pero este libro le enseñará todo lo demás.

Utilizaremos la *psicología*, la *sociología*, pero también otros campos como la *lingüística*, para darles dos cosas:

- *Un conocimiento profundo y exhaustivo de cómo funcionan (o fracasan) las relaciones*

- *Un conjunto de estrategias y "trucos" para mejorar sus relaciones.*

En realidad estoy emocionado porque hay tantas cosas que quiero mostrarle en este libro... ¿Sabía que hay conceptos sencillos que pueden convertir las relaciones marchitas en fructíferas? ¿Sabía que realmente puede cambiar una relación simplemente mirándola con un ojo diferente (y más experimentado)?

Por otra parte, ¿cuántas veces ha tenido la sensación de que "esto no es lo que realmente quiere decir" pero has podido hacer algo al respecto? Después de leer este libro, ¡lo hará! Y esos pequeños "fallos" diarios que se sienten como un "desgaste" de sus relaciones... ¿Cómo puede detenerlos? ¡Está a punto de verlo!

Y mucho más...

Pero también hay consejos *prácticos* que estoy deseando darle... Verá, como todos nosotros los profesionales, leí *sociología* y *psicología*, e incluso lingüística en mis estudios académicos... Pero sólo cuando me convertí en mentor de jóvenes (algunos con problemas muy graves también) desarrollé todas esas pequeñas estrategias que podía dar como solución rápida a algunos problemas.

No me malinterprete. Una solución rápida puede ser temporal, pero a veces la necesita para desescalar una situación. A veces puede ser tan simple como la elección de las palabras que usa... Y si hubiera visto la angustia en las caras de estos jóvenes... Y luego la sonrisa cuando volvieron a la siguiente sesión y dijeron: "¿Sabe qué? Sí funcionó".

Esto me permitió pasar al siguiente paso, que es reparar las heridas más profundas de una relación. Es como intentar llegar al corazón cuando todavía llevamos una armadura... Mejor empezar a "pelar" los problemas como una cebolla...

Hay cambios (a veces pequeños y sencillos) en el comportamiento, el lenguaje, incluso el lenguaje corporal, y los patrones de vida que puede utilizar para transformar una relación de negativa a positiva. ¿Le he dicho que he estudiado *psicología positiva* con la que posiblemente sea la mayor autoridad del mundo, la Dra. Ilona Boniwell? Es un campo enorme, pero el concepto clave es sencillo, y lo utilizaremos también en este libro. No, lo siento: *lo utilizará* para cambiar no sólo sus relaciones, sino también para mejorar lo que siente por usted mismo.

Verá, nuestra historia personal nos da un montón de "inseguridades personales"... Estas, luego se reflejan en nuestras relaciones... Pero si quiere conseguir efectos a largo plazo, tenemos que abordar estas inseguridades también. Entonces, incluso en la próxima relación, usted comenzará con una mejor base...

La mayoría de nosotros no podemos ni siquiera ver cómo nuestras *inseguridades tienen efectos en los demás*... Como Sheila (el nombre es falso por razones de privacidad)... Ella es una de las jóvenes de las que hablé. Básicamente tenía miedo de ser juzgada por su origen familiar... Y eso significaba que mantenía a los demás "a distancia". Sin embargo, no era consciente de que lo hacía...

Debo decir que fue muy receptiva cuando le señalé que su enfoque era un poco agresivo al principio... Bueno, lo cambió, y también su vida...

La última vez que la vi, parecía una mujer feliz (había crecido); sus inseguridades desaparecieron, ahora mostraba su fuerza de carácter a través de una apariencia sorprendente, muy artística y colorida. Era un poco como ver a Cenicienta vestida para el baile...

No puedo entrar en el calor de todo esto ahora. Pero apenas puedo contenerme.

Este será el viaje de su vida para muchas personas. Desde la comprensión de los fundamentos de la psicología y la sociología, hasta el aprendizaje de cómo afrontar situaciones muy concretas, este libro sigue un camino completo para mejorar las relaciones personales, pero también las sociales. Y todas ellas: las relaciones amorosas, las familiares, las de amigos, las de compañeros de trabajo, las ocasionales... Todas siguen patrones similares, aunque las relaciones personales y las románticas especialmente, son las más influyentes en nuestra vida.

Sí, le llevará algún tiempo aprender todo esto. Al final, este libro comprime años de estudio y práctica en unos pocos cientos de páginas... Pero todo se presentará con claridad, y usted recordará este libro como "una buena y agradable lectura".

Ahora, cuente los días desde este momento hasta el final de este libro... ¡Cada día es un día para tener todas las herramientas que necesita para hacer brillar sus relaciones! Y ahora cuente cada día *sin todos esos problemas, ansiedad e inseguridades sobre sus relaciones...*

Mi pregunta es la siguiente: ¿Vale la pena perder más tiempo? ¿No debería empezar a mejorar su vida ahora mismo? ¿Realmente vale la pena retrasar un día más el viaje para cambiar su vida? No lo creo...

Cuanto antes lea este libro, más sonrisas tendrá en su vida, para dar y recibir...

Y volvemos al principio: *su calidad de vida*... Lea este libro ahora y su calidad de vida empezará a mejorar *muy* pronto. Le prometo que verá los primeros resultados en semanas o incluso días. Así que... ¿comenzamos?

¿QUÉ SON LAS RELACIONES? ENTENDER LOS CONCEPTOS BÁSICOS

Una casa está hecha de paredes. Una mesa está hecha de madera (plástico, etc.) tiene patas y una superficie plana... Fácil. Pero cuando se trata de un concepto abstracto como el "amor" o la "felicidad" o las "relaciones", resulta más difícil definir el significado.

Esto no se debe a que el significado sea impreciso, o a que falten definiciones. Es porque un concepto abstracto tiene cierta moderación en la forma en que lo aplicamos. Me explico... ¿Es el amor romántico, de hecho, "amor"? Seguramente sí. Pero el "amor a la naturaleza", por ejemplo, puede significar mucho para un defensor de los árboles (término que no utilizo como despectivo, sino todo lo contrario) y algo muy diferente para un cazador... ¿Y qué hay de cuando decimos "amo estos zapatos"?

Del mismo modo, si tiene una pareja, seguro tiene una relación con él o ella. Seguramente con los miembros de su familia... Pero a la mayoría de nosotros ya nos resulta incómodo utilizar el término "relación" con los compañeros de trabajo. Sin embargo, tenemos relaciones con objetos, como nuestros vehículos, incluso, como hemos dicho, nuestros zapatos (no todos, para ser justos).

Entonces, ¿de qué estamos hablando realmente?

¿Qué es una Relación?

Le sorprenderá saber que la "relación" puede definirse de muchas maneras, pero quizá la que tiene más "potencial" de significado es ésta:

*Una relación es **la forma** en que dos o más personas, animales o cosas están conectadas.*

Por tanto, no podemos considerar las relaciones como "cosas", sino como:

- Formas
- Estados
- Procesos

Yendo a un ejemplo extremo (desde nuestra perspectiva), las relaciones son estados: "El verde y el rojo son complementarios". "El bien y el mal son opuestos". Utilizamos las relaciones para describir el estado de las cosas. Pero incluso si decimos: "Carol y Mohamed son marido y mujer", hablamos de los estados relativos de las dos personas.

Sé que parece que me he ido al otro "extremo" del significado de la palabra, pero tenga paciencia... aguante porque volveremos a ello.

Pero una relación, para la mayor parte de nuestra vida personal, es principalmente un proceso. Es la *forma en que interactuamos con las personas (y cómo nos sentimos al respecto) en nuestra vida cotidiana.*

Por lo tanto, si la palabra "relación" es abstracta, en realidad describe una forma de práctica. Sin una "vivencia de la relación" práctica, la relación no existe. Curiosamente esta es la razón por la que tarde o temprano nos desconectamos de las viejas relaciones...

No quiero sacar a relucir pensamientos negativos, así que le pediré que recuerde a su amigo más antiguo. No el más antiguo que tiene ahora... esa cara sonriente de sus primeros años... Seguramente todavía tiene un apego emocional a esa experiencia - ¡cuando la recuerda!

Pero como han pasado años (décadas) desde la última vez que vio a su amigo, ya no tiene una relación estable con él o ella... *El lado práctico de la relación, el "vivirla" se ha ido.*

Considerar sus relaciones como "procesos" ya le da una perspectiva diferente, ¿no es así? Tenemos que detenernos en este punto, porque es un concepto que cambia la vida.

Relaciones como Estados y Relaciones como Procesos

John y Greta se casaron hoy hace 25 años. Hoy, de hecho, han decidido celebrar sus bodas de plata recreando su boda, con votos y todo...

Y este es el texto de sus votos matrimoniales:

"Yo Greta te *tomo* a ti John como mi esposo, para *tenerte* y *retenerte* desde este día en adelante, en lo bueno y en lo malo, en la riqueza y en la pobreza, en la salud y en la enfermedad, etc." (No, "etc." no está realmente en los votos)...

Estos son los votos clásicos que la gente hace cuando se casa. Y he puesto algunos verbos en cursiva: "tomar, tener, conservar" por una razón: el primero expresa el inicio de un estado, los otros dos la conservación de un estado.

Brenda y Joshua también celebran sus bodas de plata y también leyeron sus votos. Pero escribieron los suyos propios e incluyen frases como "*te amaré para siempre*", "*prometo ayudarte*", etc. En los verbos, se ve que ven su relación más como un proceso, no sólo como un estado.

Y hemos llegado al origen de muchos problemas en las relaciones.

Al mirar hacia atrás, muchas personas que recuerdan sus votos matrimoniales también pensarán: "No fue lo que yo esperaba". Pero vivimos en un mundo en el que los cuentos de hadas y las comedias románticas terminan con la frase "Y vivieron felices para siempre". Lo que importa es que Cenicienta se casó con el Príncipe Azul. Eso es todo. El vínculo está formado, es un estado inmutable, y el cuento ha terminado.

¿Ve el problema? La sociedad nos engaña haciéndonos creer que las relaciones son "estados" que no pueden (o no deben) cambiar. Imagine a un niño (sobre todo a las niñas, pero la sociedad es estructuralmente sexista)... Crece leyendo Cenicienta, Blancanieves, La Bella Durmiente, La Bella y la Bestia...

Verás, estas historias (al igual que *Orgullo y Prejuicio, Los Diarios de Bridget Jones* y todas las películas románticas) cuentan un *arquetipo* (una historia básica, un concepto básico, una versión básica de la realidad): *"el proceso está en encontrar la relación, pero una vez que la establezcas será un estado, siempre será el mismo y nunca cambiará".*

Esto es muy cierto en las relaciones románticas para muchas personas. La gente entra en ellas con expectativas, se imaginan dentro de veinte años -sí, con hijos- pero *con la misma relación que ahora*. Sabemos que es imposible... Pero esta es la historia que nos cuentan para que la creamos, o al menos para que la persigamos...

Entonces, cuando las cosas cambian, ¿qué pasa?

En la mayoría de los casos, *a la gente le cuesta admitir que la realidad no es la misma que el "sueño"* (o el *mito*, deberíamos decir) Verá, es difícil aceptar que un "estado puede cambiar". Y si nuestra boda es un estado, cuando cambia, está fuera de nuestro alcance, no sabemos qué hacer al respecto y, muy a menudo, *acabamos negándolo.*

Curiosamente, esta experiencia es más común en las mujeres. Los hombres no están tan expuestos al mismo arquetipo que las mujeres. Los estudios demuestran que las historias para hombres están llenas de "acción", "procesos" y "verbos performativos". Las historias para mujeres están llenas de "adjetivos", "estados" y "verbos pasivos".

Nunca se insistirá lo suficiente en la influencia que tiene lo que experimentamos (leer, ver, oír, sentir, etc.) cuando somos niños y adolescentes en nuestra vida adulta. Y esto es realmente el núcleo de gran parte de la psicología, como sabrá. *No son* "sólo cuentos de niños"... Conforman nuestra forma de ver e interpretar el mundo y, sobre todo, lo que esperamos de nuestra vida...

Ahora el lado del *"empoderamiento"*... si deja de ver su relación como un "estado fijo" y empieza a verla como un "proceso" entonces usted es *libre de construirla y mejorarla.*

Ahora, veamos estas dos afirmaciones:

1. *Una relación es un lienzo en blanco para pintar juntos.*
2. *Una relación es un vínculo fijo que hay que preservar a toda costa.*

Ahora...

1. ¿Con cuál de ellas está más de acuerdo?
2. ¿Hasta qué punto?
3. ¿Cómo se ven sus relaciones, a) o b)? Tenga en cuenta que cada relación es diferente.
4. ¿Cuál tiene más potencial?
5. ¿Con cuál se siente más cómodo?
6. ¿Puedes convertir a) en b) y al revés?

Tome una taza de té, relájese, reflexione sobre las preguntas en su momento y luego nos volveremos a encontrar aquí mismo, ¿vale?

...

¿Qué tal su taza de té? Repasemos juntos estos puntos con calma...

Para empezar, la pregunta i). *No se sienta avergonzado si ha elegido la b)*. Sé que a estas alturas está claro que *las relaciones no deberían ser así*. Pero para la mayoría de nosotros esto es lo que parecen las relaciones "sobre el terreno". Y para muchos de nosotros, esto es todo lo que han sido las relaciones. Llegaremos a eso cuando analicemos las relaciones y la cultura...

Lo que importa es que a estas alturas ya sabe que una relación debe ser más parecida a un lienzo en blanco que a un vínculo. Incluso si lo entiende puramente sobre una base "ideal", eso está absolutamente bien y no se espera nada más de usted.

ii.) Puede imaginar su relación ideal como un lienzo o "más como un lienzo pero con un vínculo". No es necesario que elimine el concepto de "estado" o "vínculo" de las relaciones. Puede coexistir con el concepto de "lienzo" o "viaje"...

Los problemas surgen cuando el concepto de "lienzo" desaparece por completo. *En cualquier relación de éxito tiene que haber flexibilidad, puertas abiertas y posibilidades de mejorar, y eso significa cambiar.*

Veremos en detalle que *muchos de nosotros tenemos miedo al cambio en las relaciones*. Pero ésta es a menudo *la razón por la que las relaciones fracasan*. Por el momento, no desarrollaremos mucho más este punto, pero llegaremos a él con mucho detalle muy, muy pronto. De momento, quédese con el concepto clave.

iii.) Lo más probable es que haya algunas relaciones que se parezcan más a un lienzo y otras más a vínculos, y muchos grados intermedios. Esto es para mostrar que los dos elementos suelen coexistir en muchas relaciones.

Pero también es bueno que aprenda a *poner las relaciones que tiene en esta escala, en esta línea...* Eso será muy útil porque es mucho *más fácil cambiar, mejorar o reparar una relación "lienzo" que una relación "vínculo".*

En general, las *amistades son más "lienzo" mientras que las relaciones familiares son más "vínculo".* Puede que no sea el caso de todos, pero es una tendencia o patrón muy común. En cuanto a las relaciones de pareja, bueno... Algunas son más "lienzo" (sobre todo al principio), otras son más "vínculo" y muy a menudo cuando se convierten en "vínculo" también empiezan a deteriorarse. Lo del "matrimonio" es más que una compañía de comedia...

Esto también responde al punto iv). *Todas las relaciones tienen potencial.* Este potencial depende de muchos factores (potencial individual, afinidad, contexto cultural, acontecimientos vitales, etc.....). Sin embargo, *es más fácil expresar el potencial de las relaciones "de lienzo".*

Si ve su relación como un "vínculo", ya es todo lo que va a ser. Puede agregarle cosas, como si fuera un recipiente... En él caben los recuerdos, otros vínculos (los que se tienen con los hijos, por ejemplo) las propiedades y la mascota de la familia. Pero, por definición, no será fácil cambiar la propia relación.

Afortunadamente, muy pocas relaciones se basan 100% en el vínculo (las sociedades comerciales lo son, pero aquí no nos ocupamos principalmente de ellas). Si está pensando en mejorar una relación basada en el vínculo, mi consejo es que empiece a buscar elementos de lienzo *con ella ahora, o lo antes posible.*

Esos serán los elementos que utilizará para corregir, mejorar, cambiar o remodelar la relación.

¿Ve que aunque tengamos que "hablar de teoría" hemos pasado directamente a ella?

Saber qué lados, aspectos, elementos y patrones de una relación puede cambiar con éxito es el primer paso que debe dar.

El siguiente punto, v.), o "¿Con qué te sientes más cómodo?" es en realidad un punto crítico. Comprendo perfectamente que diga: "En realidad, me siento más cómodo con las relaciones "de vínculo"". Sin embargo, si este es el caso, *trate de encontrar el estar cómodo con* **algún cambio, con algún "lienzo".**

No hay otra solución. Pero le voy a dar una muy buena noticia: *siempre se puede cambiar una relación, al menos en cierto grado.* Y otra gran noticia: *puede cambiar su relación también mediante pasos muy pequeños y manejables que hacen que su progreso sea fácil de aceptar, incluso sin problemas.*

Lo mismo se aplica a los cambios que tiene que **introducir en su propio papel, actitud, hábitos, comunicación, etc. dentro de la relación.**

De hecho, ésta es una regla muy importante. Si va a terapia, incluso de pareja, no llegará a casa un día y dirá: "¡Vaya, toda mi vida ha cambiado en 50 minutos!". No, no funciona así. Su perspectiva de la vida puede cambiar en cuestión de minutos; por eso tenemos epifanías. Pero el trabajo diario real... No...

Un buen cambio no traumático y permanente se produce lentamente. De hecho, cuanto más suave y fluido es el cambio (especialmente en las relaciones), más se adhiere y más eficiente ha sido el terapeuta

Por lo tanto, si no tiene confianza en el cambio, ¡no se preocupe! Trabajará a su propio ritmo, no sólo con este libro, sino con la relación que quiera cambiar. En realidad, *mi consejo absoluto es que evite a toda costa los cambios drásticos y traumáticos.*

Hay muchas razones para ello:

- No quiere que su relación se convierta en un "bache".
- Tiene una responsabilidad hacia su pareja, o hacia la otra persona o personas. Se arriesga a molestarles con grandes cambios repentinos.
- Necesita tener espacio para retroceder en caso de que algo no funcione.
- Debe que reducir al mínimo las consecuencias imprevistas.

Así que, si, comprensiblemente, desconfía del cambio, espero que ahora se sienta un poco más tranquilo y cómodo con él.

Es más, *a menudo tememos al cambio, porque no nos sentimos en control de él. No sabemos cuál será el resultado final.* Pero esto no es en absoluto lo que vamos a hacer con este libro. *Lo que va a conseguir es un* **cambio controlado.** Es un cambio que va:

- *En la dirección que desee.*
- *Donde usted quiera.*
- *Al ritmo que desee.*

Y finalmente, llegamos al punto vi). - sí, se puede convertir un lienzo en un vínculo y un vínculo en un lienzo. Pero este punto y el anterior, que tratan de las "relaciones cambiantes", merecen una discusión más detallada.

Cambiar su Relación de "Lienzo" a "Vínculo" y Viceversa

Philip y Adele llevan 40 años casados. Cuando se casaron soñaban con llevar adelante su propia granja, pero la vida no fue demasiado amable con ellos. La falta de dinero, la falta de oportunidades e incluso el hecho de que hace décadas no se podía investigar el proyecto en Internet... bueno, todo esto combinado hace que ahora vivan en un piso en una gran ciudad.

Por las noches, pasan la mayor parte del tiempo frente al televisor, y discuten por pequeñas cosas... Les siguen gustando los animales y las plantas, pero lo único que hacen es cuidar de sus tres gatos...

Veamos su historia (que por supuesto es un ejemplo), en realidad, la historia de su relación. ¿Ve el lienzo que nunca fue? La granja era un sueño de trabajo, un sueño de estilo de vida... Pero también era un *sueño de relación. Como no funcionó financieramente, el potencial de su relación nunca se cumplió.*

En su lugar, la televisión "intervino" y tomó ese "espacio", ese "tiempo" que estaba reservado para el potencial de su relación. Ahora es la televisión (la sociedad) la que pinta su relación (gris) en lugar de ellos.

¿A cuántas personas como Philip y Adele conoce personalmente? Apuesto a que muchas. Apuesto a que la mayoría de sus vecinos están en esa situación. Apuesto a que la mayoría de las personas de más de 35-40 años que conoce tienen ahora su tiempo privado controlado por la televisión.

En el caso de Philip y Adele, un "lienzo" se ha convertido en un "vínculo", hecho de acciones rutinarias, controlado por alguna empresa de medios de comunicación, pero sigue siendo un vínculo, una relación estática. Obsérvese también que *la televisión controla ahora parte de su comunicación.* Dicta lo que hablan, los incita y filtra sus tiempos de comunicación.

¿Qué podrían hacer para cambiar esto? En este caso concreto, deberían darse cuenta de que todavía pueden "pintar su relación" incluso fuera de su sueño de vida. La "tercera persona" o elemento de su relación era la Naturaleza, así que... Dejar la Naturaleza fuera ha dejado un hueco, y ese hueco lo ha llenado la sociedad.

De hecho, *es muy fácil y común convertir una relación de "lienzo" en una de "vínculo".* Esto se debe a muchas razones, o a mejores *fuerzas en juego sobre nuestras relaciones:*

- *La sociedad tiende a convertir todas las relaciones en vínculos a través de fuerzas financieras, sociales, culturales.* El mero hecho de que su vida se convierta en una rutina significa que está atrapado en un patrón, y su relación se adaptará a ese patrón diario y repetitivo... Eso se convierte en un "vínculo" y produce una relación estática.
- *Nos adaptamos de forma natural a nuevas situaciones, incluidas las relaciones.*
- *Tendemos naturalmente a conservar lo que tenemos (por lo que convertimos nuestras relaciones en estáticas).*
- *A veces es más fácil dejar las cosas como están, o no sabemos cómo cambiarlas.*

En algunas parejas, pues, la idea de "cambiar la relación" es en sí misma vergonzosa. Hay un tabú social... Imagina una pareja de ancianos que de repente decide cambiar de aires, redescubrir su pasión, etc..... Estoy seguro de que en privado *nos sentiríamos orgullosos de ellos.* Pero en muchos lugares, los vecinos empezarían a cotillear, la idea de "no envejecer con gracia" sigue significando mucho para mucha gente etc....

Entonces, la gente puede sentirse avergonzada, también con la pareja. E incluso decir: "escucha, tenemos que cambiar nuestra relación", requiere cierto valor. Acudir a una terapia de pareja o de relación sigue siendo visto por mucha gente como "tener problemas" y no como "encontrar soluciones". Muchos de nosotros, por razones sociales y culturales, *tenemos tanto miedo de admitir el problema que ni siquiera nos planteamos encontrar una solución.*

Pero si los cambios de "lienzo" a "vínculo" *(de dinámico a estático)* son habituales y están impulsados por la sociedad, ¿qué hay de lo contrario? *Cambiar una relación de estática a dinámica requiere esfuerzo y pasos conscientes.* Y esto tiene dos caras:

- Por un lado, *hay que trabajar en ello, invertir tiempo, energía, recursos, etc...*
- Por otro lado, *puede controlar este proceso y llevarlo hacia donde quiera.*

¿Ve que hemos cerrado el círculo? *Cambiar tu relación de estática a dinámica es también una forma de tomar el control de su vida.*

De hecho, *las relaciones demasiado estáticas o rígidas suelen acabar siendo una carga para uno o todos los miembros.* Las personas que se quejan del "padre estricto" cuando no son sólo adultos, en la mayoría de los casos esas relaciones tienen impactos que nos hacen "volver a ellas" incluso cuando somos viejos y estamos jubilados... Los ejemplos son realmente muchos...

Pero ahora que sabe que le pido un poco de esfuerzo, vamos a relajarnos un segundo... Volvamos a nuestro ejemplo de Philip y Adele... ¿Qué haría para ayudarles?

Yo diría que, para empezar, tienen que identificar la razón por la que su relación se ha fosilizado. Y eso es porque su vida laboral no ha funcionado como querían.

Esto, para empezar, les liberará. Verá, en muchos casos *nos sentimos culpables por el estado de nuestra relación y eso nos impide mejo-*

rarla. Pero no es culpa de nadie si su sueño de nuestras vidas no se hizo realidad...

Eliminar cualquier sentimiento de culpa de la pareja abre las puertas más hermosas de una relación. Espero que atesore esto y lo recuerde.

A continuación, bueno, ¡hay que reinsertar el tercer elemento! De acuerdo, no tendrán un hogar, pero el potencial de su relación todavía tiene que expresarse. Y todavía puede, pero necesitará una ruta alternativa, un lugar alternativo, un proyecto alternativo...

¿Quizás puedan ir a ayudar a la granja local de la ciudad? Vale, no es como tener su propia granja, pero tiene *oportunidades similares para su relación*. La televisión ciertamente no.

Y aquí hay otro pequeño punto que me gustaría que llevara con usted. *Cuando un proyecto compartido fracasa, los miembros de la relación no deben atar el futuro de su relación a él. En su lugar, deben buscar un plan B, un proyecto alternativo que permita que el potencial de su relación florezca.*

Al final, ¿cuántas veces ha tenido un "proyecto práctico", pero la "agenda oculta" era la relación involucrada? Lo hacemos de niños cuando invitamos a amigos a jugar a nuestra casa. Lo hacemos cuando invitamos a alguien a una cena romántica (vamos, sabemos que en realidad no ha ido por el plato principal...)

El problema de las relaciones a largo plazo es que luego acabamos olvidando el "plan oculto" y se convierte en algo oculto para nosotros mismos. Esto es lo que les pasó a Philip y a Adele... Ahora necesitan redescubrir su propio plan original, que era para ellos mismos y para su relación, no sólo un plan de trabajo...

Ansiedad, Inseguridades, Relaciones Estáticas y Dinámicas

Unamos estos conceptos. Verá, no he introducido estos dos conceptos de las relaciones sólo porque son arquetipos fundamentales... No, *estas perspectivas también están en las raíces de cómo se siente con su relación.*

Hasta ahora, de hecho, hemos utilizado el aspecto práctico, el de "vivir la relación", como punto de partida de nuestra conversación (vale, lo sé, hablo más que usted... Pero en su mente, estoy seguro de que conversa con este libro...) Ahora, *tenemos que empezar a ver la dimensión emocional de las relaciones.*

¿Recuerda cuando le pedí que recordara a su amigo del colegio? Bien, la relación actual no tiene realización física. No se conocen, puede que ni siquiera sepa qué ha pasado con él o ella... (suponiendo que no se hayan casado entretanto, pero ya me entiende...) Pero *un aspecto de la relación, dura mucho más que su realización cotidiana: el emocional.*

Piense en una gran amistad de su pasado y no materializará a la persona delante de sus ojos, no, pero *el sentimiento seguirá estando presente y será tal como en aquél entonces.* Tal vez sea menos fuerte, pero el sentimiento persiste.

Entramos en el campo de la filosofía cuando decimos que *los sentimientos tienen una dimensión extemporánea.* ¿Qué queremos decir?

Queremos decir que no están ligados al tiempo. Si uno se tropieza con un dedo del pie, el dolor físico durará el tiempo necesario y luego desaparecerá. Pero *los sentimientos existen incluso en ausencia de lo que los provoca: una vez que los ha sentido, son suyos para siempre.*

Y, de entre todos los sentimientos, ¿hablamos del amor? ¿Cuántos tipos de amor ha sentido en su vida? Los griegos tenían *cuatro palabras para designar el amor...* "Eros" es el amor apasionado y romántico; "storge" es el amor que se tiene por los miembros de la familia; "phileo" es el amor fraternal, la idea es la del "amor de amistad"; por último, "agape", difícil de definir, pero similar al "amor desinteresado" o al "amor incondicional"...

Esto nos dice una cosa a nivel básico: los griegos atribuían más importancia al amor que nosotros. Cuando las lenguas tienen muchas palabras para un mismo concepto, es porque ese concepto es importante para ellas (los esquimales tienen más de 50 palabras para "nieve"; claro, están rodeados de ella, sus casas están hechas de hielo y nieve, la utilizan para beber, etc.....).

Es revelador que en español tengamos una palabra que se puede utilizar de forma bastante general para decir una amplia gama de cosas, desde "eres mi amigo" hasta "estoy apasionadamente enamorado de ti"... Pero me pregunto cuántas personas se sienten realmente seguras de utilizar la palabra "amor" en el punto álgido de la intimidad y la pasión...

Curiosamente, la mayoría de nosotros nos sentimos más cómodos utilizando esta palabra con alguien que es poco más que un conocido que con nuestra pareja. No todos, ni mucho menos. Pero si se siente avergonzado con el uso de esa palabra, *no se culpe*. Es la sociedad la que nos enseña que expresar los sentimientos es "poco masculino", "infantil", "poco apropiado", "un signo de debilidad", etc...

Ahora estamos en este punto... **Nunca se culpe a sí mismo o a su(s) pareja(s) de las responsabilidades de la cultura y la sociedad.** Son influencias tan poderosas en su vida que liberarse de ellas es casi imposible, sobre todo por su cuenta. *La sociedad y la cultura suelen ser la fuente de la ansiedad en las relaciones.*

Entonces, decíamos... Incluso dentro del mismo tipo de amor, tendrá diferentes "matices", o "sabores" o "tonos", etc. Puede amar a tu hermano y a tu madre por igual en grado, pero el sentimiento exacto es diferente. Con sus parejas anteriores, si ha tenido más de una, sabrá que *cada amor sabe, o se siente, diferente.*

Dicho esto, sin embargo, **la sociedad y la cultura promueven patrones de relación estáticos, incluso "fuera de la norma".** Esto tiene un profundo propósito funcional. Cuando uno sube a un avión, por ejemplo, ya sabe cómo comportarse. Nos encontramos con muchas personas cada día y si no tuviéramos un "manual de reglas" para seguir, no sabríamos cómo comportarnos.

Así, tenemos un simple conjunto de reglas de "cómo comportarse con el sacerdote", pero también "cómo comportarse con el dependiente de la tienda", "cómo comportarse con el profesor", "el conductor del autobús"... ¡la lista continúa! Ya ve lo práctico que resulta todo esto en una sociedad como la nuestra...

Pero... El hecho es que estas "relaciones prefabricadas" de la sociedad, a menudo afectan o rozan nuestras relaciones personales y privadas. En el pasado (y en muchos países) la relación entre marido y mujer estaba dictada por estrictas normas sociales. Para muchos de nosotros, esto es bastante llamativo, pero incluso en Estados Unidos o Europa, nuestros padres y abuelos lo daban por sentado. *¡Entrar en una boda formal significaba aceptar las reglas que la sociedad ponía a la pareja!*

Incluso había leyes que decían lo que se podía o no hacer con su marido o mujer (el adulterio era un delito hasta hace un tiempo; y sigue siendo inaceptable para muchos grupos culturales). *Esto, por supuesto, ejerce presión sobre las personas que inician una relación. Todas las expectativas que la sociedad pone en una relación son una fuente de ansiedad.*

Y aquí llegamos al punto clave: *tanto el lado estático como el dinámico de las relaciones pueden ser causas de ansiedad y/o inseguridad.*

Esto depende en gran medida de cómo se relaciona con estos aspectos. Sí, significa "cómo se relaciona con su relación"... No es un trabalenguas...

- *Es posible que se sienta ansioso e inseguro porque el **equilibrio de lo estático y lo dinámico** en su relación no le conviene.*
- *En una **relación muy estática**, sentirá el peso de las expectativas que conlleva. Muchas personas sienten que no*

están a la altura de ellas, lo cual es una fuente importante de ansiedad e inseguridad.

- *En una **relación muy dinámica**, puede sentir que no tiene esas pautas claras (reglas), esos parámetros y las garantías (de que va a durar, por ejemplo) que necesita. Esto puede ser una causa de ansiedad e inseguridad.*

Así que, antes de lanzarse a decidir de forma idealista, ***debe encontrar el equilibrio adecuado entre lo estático y lo dinámico en la relación entre usted y su(s) pareja(s).*** Si lo ideal es una relación superdinámica de "amor libre", por ejemplo... Bueno, para muchas personas eso es tan decepcionante como el cuento de la Cenicienta, de hecho. No es fácil de conseguir. Es idealmente fantástico, pero tal vez su pareja no tenga tantas ganas, tal vez usted también sufra por una relación que tiene tan pocos puntos estables, si es que los tiene...

Como todas las cosas en la vida, no es una cuestión de "blanco y negro". Es una cuestión de delicados matices y tonalidades de todos los colores del arco iris. Incluso el lienzo... No es fácil, pero lo que tiene que hacer es ***conseguir un equilibrio en su relación teniendo en cuenta:***

- *Lo que desea.*
- *Lo que necesita.*
- *Lo que puede lograr.*
- *Lo que su pareja desea.*
- *Lo que su pareja necesita.*
- *Lo que su pareja puede lograr.*

Esto va en la línea de estático/dinámico, pero también de abierto/cerrado, intensivo/relajado, mutuamente dependiente/mutuamente independiente, etc...... Todo esto lo veremos muy pronto.

Recuerde que en una relación, todo lo que usted hace afecta a su pareja, como dicen los investigadores y psicólogos Zeider, Heimberh e Iida en 'Anxiety Disorders in Intimate Relationships: A Study of Daily Processes in Couples' publicado en la revista *Journal of Abnormal Psychology* en febrero de 2010, hay un:

..."*efecto cruzado de la pareja, de manera que en los días en que las esposas experimentaban un aumento de la ansiedad, sus maridos eran más propensos a informar de una reducción de las cualidades positivas de la relación*".

Esto, en cierto modo, confirma que las relaciones funcionan como procesos. Lo que uno hace dentro de ella repercute en las demás personas implicadas y en la propia relación. Al mismo tiempo, es más fácil entender la dinámica de causa y consecuencia de las relaciones si las miramos desde esta perspectiva y no como estados.

Entonces, por supuesto, **cambiar su relación puede incluir cambiarse a sí mismo también, y en la mayoría de los casos, es necesario. Pero ahora que sabe que sus ansiedades e inseguridades provienen sobre todo de la "estructura" (dinámica) de la propia relación, ¡puede empezar a dejar de lado algunas inseguridades y ansiedades!**

Este es un primer paso importante.

Ahora, ¿no siente que las cosas ya empiezan a cambiar? ¿Puede ver lo rápido que ha cambiado su perspectiva de las relaciones? Estoy seguro de que ha visto abrirse puertas en su mente y en su vida al leer este capítulo. Si comenzó a este libro con la idea de que "ciertas cosas no se pueden cambiar", ahora seguro que ve que hay un camino, pero implica cambiar la forma de entender las relaciones.

Le prometí que así sería, y ahora estoy seguro de que se siente mucho más positivo y confiado.

Pero estamos al principio de un largo viaje, y lo que sigue, bueno, digamos que tenemos que empezar a leer las "señales de tráfico", o a distinguir los diferentes tipos de relaciones.

2

TIPOS DE RELACIONES Y ANSIEDAD

Sheila se despierta y su pareja, Stephen, ya está fuera de la cama, preparándole el desayuno (¡de vuelta a Cenicienta y los cuentos de hadas!) Despierta a su hijo, Tom, que tiene que ir al colegio. Luego pasa un rato chateando en una famosa red social, antes de ponerse a trabajar. Mientras Stephen va a la escuela, Sheila va a tomar un café rápido en una cafetería local, luego toma el tren con los compañeros de viaje habituales e intercambia unas palabras con ellos. Finalmente entra en la oficina y saluda a sus compañeros, pero hoy es un día muy especial... Entra a grandes zancadas en el despacho de su jefe, porque tiene algo importante que contarle...

Un día típico... En realidad, una o dos horas típicas de la mañana... ¿Cuántas relaciones ha detectado en esta historia? Bien, le ayudaré. Son siete grupos diferentes de relaciones y un número indeterminado de relaciones reales. No sabemos cuántas son sus colegas y sus compañeros de viaje...

Podemos ver cómo *las relaciones son omnipresentes en la vida de la mayoría de las personas.* Pero hay más: **existe una amplia gama de tipos de relaciones.** Esto es cierto en muchos niveles. De hecho, podemos incluso aventurarnos a decir que "hay tantos tipos de relaciones como relaciones reales". Pero esto no es muy práctico, porque acabaríamos con miles de millones (si no trillones) de grupos, categorías o tipos. Es un poco como cuando la gente le pregunta: "¿Qué tipo de persona es usted?". Si responde: "Cada individuo es único", pues tiene razón, pero no está siendo útil, ¿verdad?

Por lo tanto, necesitamos una manera de poner las relaciones en grupos. Y hay muchas razones para ello... Una de ellas, que está en el centro de nuestro libro, es la siguiente pregunta: imagine a Sheila hablando con su hijo, Tom, luego con los compañeros de viaje y finalmente con su jefe. ¿Utilizará ella el mismo lenguaje?

La respuesta es no. Sigue siendo español, pero la elección de palabras, el tono, el registro (formal e informal) y muchas otras cosas cambiarán. De hecho, podemos decir que **cada (tipo de) relación tiene su propio lenguaje.**

Tenemos una forma especial de relacionarnos y hablar con diferentes personas... Incluso el chat online que tenía Sheila antes de salir tiene su lenguaje, ¿no? La forma de hablar con los niños, con un conductor de autobús más que con un amigo, con sus padres, etc., es siempre diferente, a veces de forma muy marcada.

Las Relaciones y La Comprensión de la Ansiedad

Además, *cada tipo de relación tiene sus ansiedades y sus inseguridades. Ahora bien, no hay una lista precisa para cada tipo de relación.* Esto no es física... Pero *algunos tipos de relaciones son más propensas a causar ansiedad e inseguridades en ciertas formas, situaciones y por razones específicas.*

Un ejemplo lo hará más claro... Volvamos a Sheila... Su hijo, Tom, tiene algunas dificultades de aprendizaje. ¿Cuáles cree que serán las ansiedades e inseguridades de Sheila? Por supuesto, lo que me viene a la mente es que está preocupada por su carrera académica, por lo que hará en el futuro. Tal vez ella esperaba que se convirtiera en médico, y eso es poco probable. Además, los alumnos con problemas académicos suelen volverse traviesos, etc.

Olvidé hablarle del jefe de Sheila. Verá, es un hombre grande, alto y fuerte. Fuma en su oficina, y trata a las mujeres con falta de respeto. Verá, no hay nada técnicamente impropio, pero si usted es una mujer en su oficina, o incluso un hombre "no macho", puede sentirse un poco intimidada, o incluso simplemente no estar a gusto con él... De nuevo, ¿qué tipo de ansiedad o inseguridad cree que puede tener Sheila sobre su relación con su jefe?

Aunque la ansiedad es siempre la misma emoción (en diferentes niveles), se manifiesta de diferentes maneras en nuestras vidas. Puede tener diferentes "objetos" y "razones", o "temas" y "desencadenantes". Diferentes relaciones desencadenarán la ansiedad por diferentes razones y sobre diferentes objetos y "temas".

En el caso de Sheila y Tom, por ejemplo:

- El *objeto* de la ansiedad de Sheila es Tom.
- El *tema* de la ansiedad de Sheila es su rendimiento escolar.
- La *razón o causa* de la ansiedad de Sheila es el hecho de que Tom tiene problemas de educación.
- Los *detonantes* pueden ser muchos: un informe escolar, que Tom vuelva a la escuela o que vaya a la escuela, etc.

El detonante es lo que desencadena cada "ataque de ansiedad", que puede ser un pequeño acontecimiento, un recuerdo, un objeto físico o una situación, y no es lo mismo que el motivo o la causa. Esa es la fuente profunda, el origen de esta emoción realmente horrible, no lo que la enciende...

Ahora, ¿le apetece encontrar el objeto, sujeto, razón o causa y desencadenante de la ansiedad de Sheila en el caso de su jefe? Si es así, me voy a tomar un café y nos vemos aquí en cinco minutos, ¿bien?

...

¡Aquí estamos! Comparemos nuestras observaciones... No es necesario que nuestras palabras coincidan. Lo que importa es el concepto global. Además, un análisis basado en unas pocas palabras, en pocos datos, es siempre genérico y corre el riesgo de cometer errores. Esto es sólo un pequeño ejercicio de entrenamiento. En la vida real, tendrá muchos más detalles en los que basarse.

- El *objeto* de la relación de Sheila puede ser su carrera, su vida laboral, su propia sensación de seguridad y tranquilidad en el trabajo...

- El *tema* de la relación de Sheila es la personalidad y el comportamiento de su jefe.
- El *motivo o la causa* es que su jefe la hace sentir incómoda o amenazada.
- Los *detonadores* pueden ser muchos, desde entrar en la oficina, hasta tener que hablar con su jefe, incluso sólo pensar en él.

Lo que hay que sacar de esto es que **la ansiedad tiene una realización compleja, o una manifestación en la vida real.** Debido a los **factores que la provocan,** la gente suele sentir ansiedad incluso en ausencia de la razón o causa real.

Por ejemplo, si las personas están ansiosas por los exámenes, pueden sentirlo incluso cuando se preparan para ellos, o cuando hablan de ellos, etc. Pero este proceso inicia un círculo vicioso... *Cuanto más se desencadena la ansiedad en ausencia de la causa, más se arraiga en la personalidad de la persona.*

En pocas palabras, si se siente ansioso por la primera impresión cuando queda con una persona, y sigue pensando en ella (desencadenándola), más crece su ansiedad. Pero la respuesta no es "ignorarla". Es llevarla a cabo de forma controlada, de modo que *pueda disminuir la ansiedad que se genera.*

Por ejemplo, en lugar de mirarse en el espejo a primera hora de la mañana, cuando hasta Marilyn Monroe se habría "dado contra el espejo", puede hacerlo cuando se vea mejor. De este modo, no se genera el mismo *nivel de ansiedad.*

Las cosas en pequeñas cantidades son manejables. Incluso la ansiedad. Pero incluso puede decirse a sí mismo: "Oye, me veo bien" y, por qué no... comer un poco de chocolate antes... le hace sentir bien y la *serotonina* que produce, realmente combate la ansiedad a nivel químico y neurológico.

Volveremos a encontrarnos con la serotonina, ya que es nuestro principal "amigo químico natural" para combatir la ansiedad... Por cierto las setas son muy ricas en ella...

Puede ver que las cosas suceden con conocimiento, análisis, pero también con pequeños pasos, lo que en sí mismo es muy alentador y ofrece una sensación de seguridad... Y tenemos muchos amigos inesperados a nuestro alrededor (como el chocolate y las setas).

Por otro lado, si asocia un desencadenante negativo a otro factor negativo (no se siente bien, le duele la cabeza, etc...) *empeora su ansiedad.* Por desgracia, tendemos a pensar en cosas negativas cuando no estamos bien (física, mental o emocionalmente).

Así que lo primero que debe hacer es esto: ***cuando se sienta mal (física, emocional y/o mentalmente) oblíguese a pensar en algo positivo.***

Puede que ahora diga: "Sí, es fácil de decir, pero no es tan fácil en la práctica, ¿verdad?". Vale, entiendo su punto de vista. Pero si sufre de ansiedad, hay algunos pequeños trucos que puede utilizar. Por ejemplo, llevar algo que le traiga buenos recuerdos, como una fotografía de las vacaciones, la foto de alguien a quien quiere, tener su canción favorita que le levante el ánimo en su teléfono (iPod, o lo que use)...

Céntrese en *colores positivos y relajantes* cuando sienta que se acerca el detonante. El verde y el azul le ayudan especialmente a contrarrestar la ansiedad (evite colores como el rojo, el rosa chillón y el amarillo, y nada de gris o negro). El rojo, el amarillo y el rosa chillón son muy energéticos, pero en un estado de preocupación, pueden aumentarla en lugar de calmarla.

Utilice lavanda, sándalo, espino blanco, etc. Estos tienen un efecto calmante, y son muy buenos para alejar la ansiedad...

Veremos muchos más. Pero como prometí, hay muchos "amigos" a nuestro alrededor para tratar la ansiedad.

Esto, en general, sobre la ansiedad y las relaciones... Pero hay más... ¿Qué nivel de ansiedad tiene? Algunas personas tienen un nivel medio bajo de ansiedad en su vida diaria; otras tienen uno muy alto, con o sin relaciones de por medio. Lo que normalmente definiríamos como "ser (o no) una persona ansiosa".

Recuerde que *nunca debe avergonzarse si tiene un problema, una cuestión o, en este caso, si es "naturalmente" ansioso.* Pongo "naturalmente" entre comillas porque así es como la gente suele decirlo. Desde el punto de vista psicológico, es un error, y decirlo así lo empeora. El hecho es que uno no es "naturalmente" ansioso... Es la sociedad la que, trabajando especialmente en nuestros primeros años, nos ha hecho ser ansioso. Somos "socialmente" ansiosos... Una vez más, es culpa de la sociedad. *No suya.*

Si usted está *ansioso a menudo, es más probable que también lo esté en su relación.* Y esto tiene muchas consecuencias:

- Su perspectiva sobre su relación será menos objetiva.
- Puede acabar estropeando momentos y oportunidades (esto ocurre con bastante frecuencia y, de nuevo, no es Su culpa, pero puede acabar siendo culpado por ello).
- La calidad general de la relación se verá afectada.
- Su(s) compañero(s) sentirá(n) la ansiedad.
- Su(s) pareja(s) también puede(n) ponerse nerviosa(s).

Lo contrario le ocurrirá a usted si su pareja tiene una personalidad ansiosa... Por lo tanto:

Si alguno de los miembros de una relación tiene una personalidad ansiosa, es necesario abordarlo; ese nivel de ansiedad "de fondo" debe reducirse, o la relación se resentirá.

Pero todavía no hemos visto cuántos tipos de relaciones hay. Y entonces puede tener otra pregunta válida: ¿el tipo de relación afecta a la ansiedad y a las inseguridades?

Tipos de Relaciones

¿Qué utilizaría para poner una relación en uno u otro tipo? Se pueden describir las relaciones de muchas maneras... ¿Intentamos hacer una lista? Usted primero...

...

Puede que se le ocurran palabras como "feliz e infeliz", "a largo y a corto plazo", "anticuado y moderno" y, para ser sinceros, incluso se pueden utilizar colores, ¿qué tal "rojo y verde"?

La cuestión es qué parámetros, estándares o descriptores, son realmente útiles... Hablando con un amigo puede describir su relación como "Un viaje ligeramente especiado en un jardín de rosas del viejo mundo en un día de finales de verano". Bien, pero no podemos usar esto como un estándar científico.

Incluso "bueno y malo", "feliz e infeliz" son difíciles para los psicólogos. Verá, por un lado son fundamentales, por otro son subjetivos. Si lee estudios psicológicos y sociológicos, los encontrará como "personas que *piensan* que su relación es buena/mala/feliz/infeliz". Sí que es importante. Pero hay que tener en cuenta que a lo mejor la pareja ni siquiera está de acuerdo...

Lo primero que necesita es *tener unas categorías claras para identificar y analizar su relación.* Una vez más, se trata de "cualidades dentro de la relación" y hay una enorme gama de niveles, pero son específicos, no vagos. Así que... allá vamos...

Relaciones equitativas y desiguales

Este es un punto muy importante. ¿Son las dos partes iguales en la relación? Puede ver que las relaciones comerciales y laborales casi nunca son iguales. Las relaciones entre padres e hijos no son iguales. Algunas pueden ser "más iguales", otras menos (y en el pasado eran más desiguales, en promedio, que hoy). Pero una relación padre-hijo totalmente igualitaria es inviable e irresponsable.

Muchas de las relaciones e intercambios que mantenemos a diario no son equitativas. Y esto, de nuevo, se debe a menudo a los *roles sociales* que intervienen en ellos. Por ejemplo, cuando sube a un tren o a un autobús, el supervisor tiene una posición de poder sobre usted. Cuando un agente de tráfico le pone una multa... ¿adivina? Cuando se somete a un examen médico, el médico también tiene una posición de poder.

Las relaciones comerciales son interesantes, es decir, cuando se va de compras. Hay tantos enfoques diferentes... Los buenos compradores son los que se ponen en control, y no permiten que los comerciantes lo hagan. Pero si va a un mercado de frutas y verduras al aire libre cuando se acerca la hora de cierre, por ejemplo, verá que está en una posición de poder, y los comerciantes querrán vender barato todo lo que les sobra.

Vale, ya ha entendido que puede haber, y a menudo hay, *juegos de poder en las relaciones.* ¿Pero qué hay de las relaciones emocionales y románticas? Eso también varía mucho. En algunas culturas, el hombre es siempre "dominante" en la relación. Esto viene dictado por la sociedad en la que viven.

Aquí volvemos a lo que decíamos en el capítulo anterior. *La sociedad suele dictar normas sobre las relaciones personales e incluso íntimas.* Aunque en realidad es una invasión de su propia vida privada. Éticamente es difícil de aceptar. Pero muchas personas no sólo lo aceptan, sino que lo esperan, lo fomentan, lo perpetran y lo imponen. Y la familia de la pareja (o la sociedad local) suele ser el agente más fuerte de esta imposición.

En pocas palabras, suelen ser los padres y la familia política de la pareja (tíos, abuelos e incluso hermanos) los que animan a la pareja a utilizar las estructuras, los patrones, las dinámicas y las relaciones de poder que la sociedad acepta. Dicho de forma aún más sencilla, estas personas suelen querer que la joven pareja copie la misma estructura de relación que los anteriores. Y si las mujeres tenían menos autoridad en su relación, esperan que sus hijos, etc., hagan lo mismo.

Esto no siempre tiene éxito. Depende mucho de los valores y creencias de la pareja, y mucho de la influencia que los padres, etc., tengan sobre ellos, como de su determinación o apertura mental...

Pero allá vamos... *Algunas relaciones románticas son equitativas, otras no.* En las culturas occidentales, las relaciones suelen ser "nominalmente igualitarias". La pareja femenina es reconocida oficialmente como igual al hombre, incluso *por la ley* y las *reglas sociales manifiestas.* Pero luego tenemos *dinámicas sociales encubiertas* que empujan en la dirección opuesta.

Los hombres siguen ganando más que las mujeres; tienen más perspectivas profesionales; tienen muchas ventajas sociales sobre las mujeres que pueden acabar afectando a la propia relación. Incluso cuando la pareja masculina es súper equitativa y la persona más abierta de la tierra, *el mero hecho de que la pareja femenina gane menos, puede ser una grave causa de ansiedad, inseguridad y frustración.* Y viceversa, aunque es menos frecuente.

Lo que me gustaría que se llevara a casa es que *existen estructuras y dinámicas de poder incluso dentro de las relaciones románticas y que éstas suelen ser la causa de la ansiedad, la inseguridad y la frustración.*

Y a menudo son difíciles (pero no imposibles) de abordar. En algunos casos, los más difíciles, la *desigualdad tiene su origen en el propio ideal romántico de uno de los dos miembros de la pareja, normalmente el masculino.* Y no me refiero aquí a la sexualidad, que puede verse como un "juego consensuado de sublimación entre los miembros de la pareja". Traducido: en realidad es parte de la solución expresar esas fantasías en el acto sexual en lugar de hacerlo en las relaciones sociales de la pareja...

Traducido... Una pareja que tiene una relación de igualdad durante su vida diaria, cuando trabajan, cocinan, salen, ven la televisión, etc. y luego "juegan" durante sus momentos íntimos, normalmente será una pareja feliz. La parte social de su relación es igualitaria. Por el contrario, cuando esta desigualdad se produce durante el "tiempo social", uno de los miembros de la pareja suele sufrir.

¿Cuál es la solución? Depende mucho, pero sin duda empieza por **comunicar y expresar el problema, la frustración y la ansiedad con la pareja.** Pero no se precipite si este es su caso... La mayoría de las veces esto acaba convirtiéndose en una bronca que no lleva a ninguna parte. Pero pronto veremos cómo se puede hacer esto de forma correcta. En realidad es una **cuestión de comunicación y lenguaje.**

Relaciones Abiertas y Cerradas y Relaciones Inclusivas y Exclusivas

Habrá oído hablar de las "relaciones abiertas", es decir, que dos (o más) parejas románticas no ven el "adulterio" o las relaciones con personas externas a la pareja, como un problema. Pero una relación abierta no tiene por qué ser romántica e íntima. Las amistades suelen ser abiertas, o bastante abiertas.

Sin embargo, verá que los adolescentes (sobre todo las chicas) experimentan con relaciones abiertas y cerradas a nivel de amistad. La relación de "mejor amigo" no es en realidad muy abierta, ¿verdad? Y suele ser una fuente de celos, frustración, ansiedad y conflicto. Aunque se trata simplemente de una relación de amistad, *en realidad se convierte en algo exclusivo y formalizado, casi institucionalizado...*

Y de hecho, sería mejor utilizar los términos *relaciones exclusivas e inclusivas*. Y esto funciona en una gama muy amplia de niveles cuando hablamos de relaciones románticas. No sólo significa "tener otras parejas románticas ocasionales o regulares".

Aunque se trata de un nivel de apertura muy elevado, las *relaciones abiertas y cerradas, o inclusivas y exclusivas, tienen también una dimensión social.* Permítanme hablarles de dos parejas que conozco...

Patricia está ahora casada con Robert; Maya está casada con Carl. Vienen del mismo círculo de amigos. Solían salir juntos, etc..... Ya sabe, la típica vida de un grupo de jóvenes amigos...

El problema es que desde que Patricia y Robert se casaron, se "encerraron" en casa... Apenas se reúnen con otras personas y se han aislado en parte... *básicamente no invitan a otras personas al espacio social de su relación.* Muy pocas cenas con amigos y una copa de vino con Patricia y Robert.

Por el contrario, Maya y Carl tienen un enfoque diferente de su espacio social compartido. Suelen invitar a sus amigos, pero también tienen una vida social activa... Salen a correr con sus amigos, tienen "noches de chicas" y "noches de chicos" con sus antiguos amigos, etc....

Seguro que puede ver que las dos parejas tienen un estilo de vida completamente diferente. No hay ningún problema intrínseco en ninguna de las dos. Si la pareja es feliz así, bien... Los problemas empiezan cuando uno de los dos miembros de la pareja no está contento con lo abierta o cerrada que es su relación con los demás.

Ambas cosas pueden ser frustrantes. Con una relación inclusiva puede acabar deseando pasar más tiempo íntimo con su pareja. Además, a veces mantener una vida social intensa puede resultar agotador, sobre todo si se trabaja, se viaja al trabajo, se tienen hijos y se vive en zonas urbanas...

Lo contrario también puede ser cierto. Si sólo somos "tú y yo", puede resultar tedioso, aburrido y, además, frustrante. Aquí la frustración viene del hecho de que cada día puede parecer una copia del anterior. Puede empezar a sentir que su vida no es gratificante, incluso que has fracasado, etc.....

Esto suele ser un problema cuando uno de los miembros de la pareja trabaja y el otro no. El que trabaja tiene una vida social fuera de la pareja, pero también estará cansado y sin ganas de reunirse con la gente después del trabajo o el fin de semana. El que no trabaja, en cambio, se sentirá aburrido, ya que su vida estará aislada y carecerá de perspectivas, así como de una dimensión social gratificante.

Esto no es en absoluto inusual. En realidad, esta situación es una de las fuentes más comunes de frustración, ansiedad e inseguridad, y una causa habitual de rupturas, divorcios y fracasos en las relaciones.

Con una pequeña nota de empatía... El mundo industrial ha costado la frustración y el sufrimiento de un enorme número de mujeres. Ahora hay más mujeres que trabajan, pero la sociedad de posguerra de "marido y ama de casa trabajadores" (en lugar de marido y mujer) ha pesado sobre los hombros de millones de mujeres frustradas e infelices...

Susan Sprecher y Diane Felmlee analizan la importancia de los amigos y las personas significativas en la felicidad de las relaciones románticas en un estudio titulado "The Influence of Parents and Friends on the Quality and Stability of Romantic Relationships: A Three-Wave Longitudinal Investigation' (en *Journal of Marriage and Family*, 1992) y dice que:

"...el efecto positivo del apoyo de la red [...] aumentó la estabilidad de la relación".

Así que, aunque uno de los miembros de la pareja no esté dispuesto a reunirse con amigos y familiares y a tener una vida social más amplia con su pareja, esto es una visión corta. Las relaciones que "respiran" en su dimensión social son, de hecho, más estables que las que se cierran sobre sí mismas.

Y esto podría ser el punto de partida o incluso el argumento ganador si usted quiere abrir su relación. Pero, una vez más, no siga adelante hasta que hayamos hablado de *cómo expresarse.*

Como es habitual, esto también tiene diversos grados. Pero las cosas pueden volverse crónicas e incluso extremas a veces... El patrón general que han descubierto los sociólogos es que solemos pasar por fases con **nuestro círculo de amigos:**

- Es bastante pequeña en cuanto a los niños, formada principalmente por los hijos de los amigos de los padres al principio.
- A medida que crecemos, ampliamos este círculo.
- Durante la adolescencia, ampliamos enormemente el círculo.
- El círculo se mantiene amplio hasta nuestra joven adultez (los 20 años).
- A medida que formamos una relación estable con una pareja romántica, este círculo empieza a reducirse.
- El círculo se reducirá después del matrimonio y, sobre todo, durante la mayor parte de nuestra vida laboral y, especialmente, después del nacimiento de nuestro hijo o hijos.

Como puede ver, durante todo el periodo que va desde los 30 años hasta los 60 y más, el círculo de amigos se reduce... Al mismo tiempo, crecen las responsabilidades y la ansiedad relacionada con el trabajo... Esto es muy poco saludable.

Pero cuando se jubilan, algunas parejas consiguen de repente ampliar su círculo de amigos, y esto suele ser una de las causas de una "segunda primavera" o "verano indio" de su relación. Los que no pueden hacerlo, en cambio, suelen enfrentarse a la insatisfacción y la frustración.

¿Qué aprendemos de todo esto? Una vez más, *el estilo de vida, la sociedad, nuestra vida laboral, etc., suelen ser la causa de que las relaciones se cierren sobre sí mismas y reduzcan su círculo social.*

Pero al mismo tiempo, aprendemos *que las relaciones románticas que consiguen contrarrestar este encogimiento suelen ser más estables y más gratificantes.*

¡Mantenga la puerta abierta a sus amigos!

Volveremos a hablar de las "relaciones abiertas" en el sentido común; éstas son, ojo, bastante difíciles de manejar pero no imposibles y a menudo pueden ser gratificantes. Sin embargo, tendrá que aprender algunos puntos importantes sobre cómo puede tener una relación exitosa. Esto, por supuesto, requiere toda una sección detallada.

Relaciones Unidireccionales y Bidireccionales

¿Cuánto obtiene de su relación? ¿Cuánto obtiene Su pareja? De nuevo, no hace falta que me responda... Pero esta es una charla que quizá quiera tener algún tiempo primero consigo mismo y luego con su(s) pareja(s).

En una relación sana, tiene que haber satisfacción mutua. Esto puede ser un problema de desigualdad, pero no necesariamente. Puede ser simplemente que un miembro de la pareja obtenga más satisfacción que el otro. Las razones y la dinámica pueden ser muy variadas para ello. Prestar atención a que su pareja también sea feliz con su relación es fundamental para su éxito.

La relación en sí debe ser la fuente de satisfacción para todos los socios o miembros. Esto se aplica a las relaciones románticas, pero también a las familiares, a las amistades e incluso a las relaciones laborales.

Cuando una relación es mutuamente satisfactoria, se produce un círculo virtuoso de satisfacción que rodea a las partes de esa relación. O, si se quiere, va de un lado a otro, lo que hace que sea una relación bidireccional.

Pero este ir y venir no es sólo para la felicidad y la satisfacción; se aplica a:

- La satisfacción
- Los problemas
- Los proyectos
- Las ideas
- La responsabilidad

Por el contrario, si esto no sucede o se detiene, una de las partes se convierte en receptor y el otro en tomador: esto forma una relación unidireccional. Y esto se aplica a los mismos elementos: satisfacción, problemas, proyectos, ideas y responsabilidad. Tal vez sólo uno de ellos, tal vez más, y tal vez todos.

Pero también puede ocurrir que un elemento vaya en una dirección y otro en la contraria. Por ejemplo, una de las partes puede llevarse la mayor parte de la satisfacción mientras que el otro se lleva la mayor parte de los problemas...

Puede considerarlos como "ingredientes" de su relación. Lo que quiere es tener una "comida equilibrada para compartirla en partes iguales", o lo más equitativa posible en cualquier caso. Cada día la comida será diferente, por supuesto, pero siempre debe intentar tener una dieta equilibrada durante cualquier periodo de tiempo.

Incluso en este caso, *parte de la solución es la comunicación.* Pero si siente que su relación "va un poco por un lado" hay algo que puede empezar a hacer ahora, incluso antes de ver cómo hablar de estos temas.

Por supuesto, si sospecha que su pareja no está "recibiendo lo que le corresponde", puede empezar a cambiar las cosas para que sea feliz. Pero "lo debido" también significa responsabilidades, etc..... También ocurre que cuando una relación va en una dirección en un elemento, ocurre que va en la dirección contraria con respecto a otro elemento.

De momento, compruebe si es así. Compruebe qué elementos van en un sentido, cuáles en el otro, y cuáles en ambos... Bien, tómese un tiempo en esto.

...

Ahora, ¡bien hecho! ¿Qué sugiere hacer? Tal vez usted pensó que esta es una "situación de negociación"... ¿Sabe qué? No está muy equivocado. En efecto, lo que puede hacer, al menos ésta es una de sus "herramientas de negociación", es proponer cambiar las cosas para que la distribución y la dirección de los elementos se vuelvan uniformes y bidireccionales.

Pero de momento, reflexione sobre ello. Tiene parte de la solución en sus manos, pero para ponerla en práctica necesitará las habilidades de comunicación que vamos a empezar a aprender pronto.

Relaciones Intensas y Leves

¿Con qué frecuencia se reúne con su pareja? ¿Cuánto tiempo pasa con él o ella? ¿Con qué frecuencia están solos? ¿También trabajan juntos? Veamos los dos extremos.

Aida y Frank se despiertan por la mañana; son una pareja de recién casados que han decidido alejarse de todo y ahora viven solos en medio de la nada. No tienen "trabajos clásicos"; trabajan en una granja que han comprado, así que, después del desayuno, se ponen a trabajar juntos. Pasan el día juntos y luego, por la noche, rara vez salen... Pasan las tardes juntos jugando a juegos de mesa, ya que no ven la televisión. Ah, por cierto, no tienen hijos.

Es una *relación intensa.* Por "intensidad" no nos referimos a la profundidad o la pasión de los sentimientos... No, estamos siendo técnicos. Nos referimos a que *las personas de la relación están en contacto estrecho, frecuente y repetido.*

¿Sabía que Aida tiene una hermana, y se llama Celia...? Ella también tiene una pareja. Se llama Matilda. Aida trabaja como voluntaria ayudando a los huérfanos en un pueblo muy pobre de África, mientras que Matilda es profesora en Ottawa. Piensan mucho la una en la otra, pero sólo pueden enviarse mensajes de texto de vez en cuando, porque donde trabaja Aida no hay línea y tiene que ir al pueblo más cercano incluso para enviar un mensaje. Se ven, pero sólo una vez cada pocos meses, y durante una semana más o menos...

De acuerdo, se trata de una relación *ligera (o leve)*. Con esto, de nuevo, queremos decir que pueden amarse más que a nadie en el mundo, pero su tiempo real juntas es limitado. En este caso, mantienen una relación distante.

En el medio, puede tener diferentes niveles y etapas: pueden haber parejas que vivan cerca o más lejos. Puede que vivan juntos y tengan trabajos diferentes. Incluso el tamaño de su casa puede ser un factor a tener en cuenta.

Y ahora le pido que use su capacidad de análisis. Observe las vidas de Aida y Frank, por un lado, y de Celia y Matilda, por otro. ¿Cuáles cree que podrían ser las fuentes de ansiedad, problemas, inseguridades y frustración en los dos casos?

Tómese su tiempo y estaré esperando - aquí. No voy a ninguna parte...

...

Le dije que estaría esperando... ¡Aquí estoy! ¿Quiere ir primero? ¿Encontró muchas áreas problemáticas? ¿Potencial de ansiedad? Apuesto a que sí, en ambos casos.

¿Quizás usted también pensó que Aida y Frank corrían el riesgo de ponerse nerviosos? Entonces estoy de acuerdo. Una relación tan intensa necesita una afinidad exquisita y una sintonía fina de personalidades. Pero aun así, con el paso de los años, esta misma cercanía todo el tiempo puede acabar dañando su relación.

¿Y qué hay de Celia y Matilda? Todos sabemos que estas relaciones son muy duras. Cuanto más independientes son las personas, más probabilidades tienen de triunfar. Pero entonces, por supuesto, es más que probable que aparezcan algunos pequeños pensamientos de celos. Cuando uno de los miembros de la pareja siente la necesidad de intimidad, por ejemplo Celia, empieza a pensar que Matilda también siente lo mismo. Y como a Celia le resulta difícil resistirse, puede sospechar que Matilda tiene el mismo problema... y ya sabemos a dónde vamos con esto.

Por otra parte, cuando las relaciones a distancia son también duraderas en el tiempo, uno o ambos miembros de la pareja pueden realmente cambiar, en términos de personalidad, actitudes, valores, pero también físicamente con el tiempo. Volver después de mucho tiempo y encontrar una persona cambiada... Ya sabe lo que puede suponer...

Tanto en una relación intensa como en una muy leve, la comunicación es esencial. Y aquí por "comunicación" debemos incluir también la comunicación no verbal. Si habla demasiado en una relación intensiva puede provocar una reacción negativa. Aunque enviar mensajes de texto o escribir cartas no es lo mismo que la comunicación cara a cara. Por otra parte, si Celia vuelve y Matilda ha cambiado su forma de vestir, su color de pelo, etc., Celia puede sentirse muy insegura sobre su relación...

Sin embargo, las **relaciones que son extremas en ambos aspectos suelen necesitar cambios para sobrevivir.** Las relaciones a distancia sólo funcionan bien en las novelas románticas victorianas. Funcionan con los miembros de la familia, menos con los amigos, pero las relaciones románticas de este tipo tienen un límite de tiempo.

Cuando están demasiado cerca, hay muchos factores en juego...

Algunas parejas jóvenes piensan que, como se apasionan el uno por el otro, pueden vivir juntos todo el tiempo. Y a veces funciona. No hay ninguna "regla" real que diga que esto no es posible. Sin embargo, esto funciona mejor en el campo. ¿Por qué? Porque tienen más espacios abiertos, y porque la naturaleza es en realidad un "amigo", un "otro significativo" con el que puedes relacionarte, lo que hace que la relación sea menos intensa y aún más abierta. Incluso puedes invitarla a cenar, aunque normalmente es ella la cena...

De todos modos, sí, a veces puede funcionar. Pero en muchos casos, hay problemas. La pasión puede ser un buen comienzo, pero no es garantía de que una relación muy intensa vaya a funcionar. Se necesita ese respeto mutuo que se encuentra en las relaciones antiguas, probadas y comprobadas. Ese tipo de relación que tienen los abuelos. Personas que se conocen perfectamente y, sobre todo, se respetan perfectamente.

Más que pasión, necesitará sabiduría para tener éxito en una relación muy intensa.

Un Mundo de Relaciones

Por otra parte, se pueden distinguir las relaciones según las personas (animales) implicadas. Puede tener relaciones amistosas en lugar de apasionadas incluso dentro de una relación amorosa... Y las veremos en un capítulo aparte. Pero primero quiero darle las bases de cómo usar el lenguaje para tratar los problemas, la ansiedad, la inseguridad, etc. en su relación.

¡Y quiero hacerlo ahora mismo!

3

EL LENGUAJE DE SANAR Y LAS RELACIONES

Sé que está deseando ponerse en marcha, así que, incluso antes de que veamos todas las facetas de las relaciones, me gustaría darle algunas herramientas para empezar a trabajar en la suya. Como ya he dicho, antes de meter la pata, o de meterla mal, debe aprender a hablar de sus ansiedades, problemas, inseguridades y frustraciones. *Utilizar un lenguaje equivocado puede tener el efecto contrario al deseado.*

Este punto es tan importante que necesito enfatizarlo. ¿Cuántas parejas conoce en las que los dos miembros repiten lo mismo y nada cambia? Especialmente en las relaciones largas y maduras esto es muy común. Tom sigue diciéndole a Sandra que no interrumpa a la gente y lo único que consigue es que Sandra siga interrumpiendo. Sandra siempre le dice a Tom que no se queje todo el tiempo y lo único que consigue es que él se queje aún más.

Este es un ejemplo que estoy muy segura de que a todo el mundo le resulta familiar. Y usted no quiere acabar así, ¿verdad? Pero, ¿no es extraño que al ver estas relaciones desde fuera parezca que el mismo hecho de que un miembro de la pareja diga "no hagas esto" hace que el otro lo haga de verdad? Y en cierto modo, esto es cierto...

El hecho es que nadie quiere aceptar sus propios defectos. Y escuchar a su pareja sacarlos a relucir es visto como un reto, un insulto, una excusa para reñir, un menosprecio... Y en lugar de *convertirse en una solución, exponer el problema se convierte en el detonante para "portarse mal"* como los niños traviesos que hacen lo contrario de lo que pide el profesor...

Sin embargo, se trata de un proceso que empieza pronto y que tarda años o incluso décadas en arraigar tanto en la relación que en muchos casos se necesitaría la ayuda de un profesional. En algunos casos, estas actitudes pueden llegar a ser incluso agresivas, y lo que es un problema crónico puede convertirse en agudo y patológico.

He visto un caso de una mujer mayor que ataca a su marido con tal vehemencia por los asuntos más pequeños y con un ímpetu tan repentino, que es realmente chocante presenciarlo. Y esto es una larga historia, pero esta mujer ataca al marido por asuntos menores porque el marido lleva décadas tratando de demostrar que tiene razón en otros puntos... Ella se siente tratada como inferior por esos puntos y encuentra cualquier excusa para "anotarse un punto" y demostrarse a sí misma y a su marido que no es estúpida.

¿Y sabe lo que hace a cambio? Le dice que se equivoca y todo el espiral descendente vuelve a empezar... Este es un caso patológico con el que he tenido que lidiar recientemente.

Pero es bueno mostrar dos cosas:

- *La frustración, la ansiedad, la inseguridad o el problema, no se presentaron ni se expresaron correctamente la primera vez.* Entonces, se recibió como un desafío, no como una solución. Y esto ha desencadenado una cadena de problemas que puede durar literalmente décadas en una relación.
- *Hay que romper estas cadenas. Y a veces, la mejor forma de comunicación es el silencio...* Aquí, el marido debería dejar de intentar establecer quién tiene la razón y dejar que ella gane algunos puntos.

Silencio

Tenemos que entender la importancia del silencio en una relación. El ejemplo que acaba de ver es extremo. Pero utilizar el silencio correctamente, puede suponer una gran diferencia en la comunicación dentro de su relación.

¿Cuántas personas hablan por encima de su pareja cuando ésta intenta expresarse?

Especialmente cuando no estamos de acuerdo, tendemos a hablar por encima del otro. A menudo, esto se debe a que estamos ansiosos por exponer nuestro punto, que "sabemos que desacreditará su punto". Sí, pero no lo hace... porque entonces nuestro compañero saca otro punto (incluso sobre un tema ligeramente o no tan ligeramente diferente), *así que acabamos saltando de un punto a otro sin llegar a estar de acuerdo en ninguno de ellos.*

Y aunque salimos de la discusión convencidos de que tenemos razón, también nos vamos *frustrados porque no hemos llegado a un acuerdo claro y bien expuesto sobre nada en absoluto.*

Es ***mejor tratar un punto a la vez, y dar al otro tiempo para que lo exprese plenamente. Y esto significa guardar silencio cuando nuestra pareja (amigo, etc.) está hablando.***

Los buenos profesores escuchan a los alumnos, los buenos padres escuchan a los hijos, los buenos médicos escuchan a los pacientes y los buenos políticos... ¡no existen! Es una broma, por supuesto, ¿o no? ***Los buenos socios se escuchan mutuamente con respeto.***

Ahora, póngase en el lugar de su pareja... Está intentando que vea algo, que le entienda... Y si al menos escucha con respeto, demuestras que le importa. Puede que entonces no lo entienda, pero ¿qué cree que es mejor? ¿Un compañero que se preocupa pero no entiende o uno que no se preocupa? No importa si el compañero que no se preocupa lo entiende o no, ¿verdad? En la mayoría de los casos también será "no", pero incluso si es "sí" *ha fallado en el nivel más básico como pareja... el nivel empático, emocional.*

Ahora bien, especialmente si alguien está tratando de expresar sus sentimientos, escuche con atención y evite interrumpir. Imagine que es como si intentara sacar una ola de su pecho... Si alguien le interrumpe y se la devuelve, ¿qué consigue? Una ola más grande dentro de usted. Y las olas grandes no son manejables. Así es como **muchas discusiones se convierten en peleas.**

Por supuesto, esto no significa que no pueda decir nada. Pedir más detalles y aclaraciones, mostrar empatía o el simple "mm" para mostrar que está escuchando está bien.

¿Recuerda a Aida, Frank y su intensa relación en una granja? Algunas personas son muy habladoras por naturaleza (¡yo lo soy!) Esto está bien, pero si usted lo es, intente conseguir algunos hechizos de silencio.

Ser hablador, es genial en las reuniones sociales, con desconocidos, con conocidos, incluso en el lugar de trabajo y desde luego si usted es un vendedor o incluso un cómico...

Pero trate de entender que, cuando se está en una situación intensiva, escuchar siempre la misma voz se convierte en algo tedioso e incluso molesto. Y usted no quiere que su voz se asocie con "ser molesto". Verá, una vez que establecemos un vínculo entre dos cosas ("voz" y "molesto") a veces es difícil deshacerse de él... especialmente si el vínculo se recuerda con frecuencia...

Tenga en cuenta que ser *capaces de estar en silencio juntos es un signo de una relación cómoda.* Ya sabe que a veces la gente "habla para romper el silencio" y esto es porque el *silencio es embarazoso entre extraños...* ¡entre extraños! No entre compañeros...

Por lo tanto, hay momentos para hablar y hay momentos para callar... sea sabio.

La Calidad de la Conversación

Las conversaciones triviales están bien cuando se está con conocidos, y también forman parte de nuestra vida diaria con nuestras parejas. Sin embargo, *no debería ser toda o la mayor parte de la conversación que mantenemos con nuestras parejas.* Es triste, a veces, cuando las personas discuten y luego vuelven a empezar con charlas triviales para evitar el tema y fingir que no ha pasado nada. Pero al mismo tiempo, saben que es un "espectáculo" que ambos están montando.

Esto es por supuesto a veces necesario; *si la persona no está preparada para afrontar un tema, nunca hay que forzarla.*

Dicho esto, sin embargo, intente **mantener la calidad de la conversación en su relación.** Esto tiene muchos efectos, entre ellos:

- Hace que la relación sea más gratificante y significativa.
- Puede ser un elemento de unión.
- Facilita el tratamiento de los problemas graves en la relación.

Sobre este último punto, imagine que usted y su pareja sólo/en su mayoría hablan de pequeñas cosas irrelevantes como qué marca de legumbres deben comprar... Parece extremo pero en realidad hay bastantes relaciones así... Ahora, ¿Cuán cómodo se sentiría si/cuando tuviese que abordar un problema serio dentro de su relación? Muy poco o nada.

Mantener la calidad de la conversación dentro de la relación, es una práctica para cuando tenga que afrontar los problemas de la relación.

¿Cómo puede mantener alta la calidad de la conversación? Aquí tiene algunos consejos:

- Hable de sus aficiones e intereses en detalle.
- No se limite a ver las noticias. Discuta la actualidad, la política, etc.
- Hable sobre lo que ha leído.
- Hable del trabajo en detalle. Explique cómo es y qué hace con detalle. Es sorprendente descubrir cuántas personas sólo tienen una vaga idea de lo que sus parejas hacen realmente en el trabajo.
- Invite a cenar a amigos con una conversación inteligente.
- No tenga miedo de expresar sus sentimientos.

Y en este punto, debemos hacer una larga pausa, un largo respiro y...

Expresar Sentimientos y Emociones

Bienvenido al centro de todo. El corazón de las relaciones. La sala de curación de todos los problemas de las relaciones: ¡el corazón, en efecto!

Hay muchas otras cosas que necesitará, pero no hay **nada más importante en una relación que ser capaz de expresar sentimientos y emociones o estados de ánimo.** Ese es el factor más importante en cualquier relación.

Y, por desgracia, la mayoría de nosotros estamos muy mal equipados para ello. Por ejemplo, hoy en día el "hombre en contacto con su lado femenino" está más aceptado, y muchas mujeres de hoy en día encuentran a estos hombres muy atractivos... Pero retrocedamos unas décadas, se esperaba que todos los hombres fueran masculinos, machistas y, sobre todo, que nunca expresaran sus sentimientos...

Afortunadamente, las cosas han cambiado y esto es un buen augurio para las relaciones. Sin embargo, todavía estamos mal equipados. Sí, algunos hombres han aprendido a respetar sus emociones, nosotras venimos de sistemas escolares, sistemas de valores, entornos laborales, entorno social, etc. que no valoran los sentimientos y nos dificultan expresarlos.

Una vez más, es la sociedad la que causa la mayoría de nuestros problemas. Y luego, cuando se forman nuevas relaciones, hay muchos factores y variables en juego. *Si no empieza a expresar sus sentimientos libremente al principio de la relación, más tarde le resultará más difícil y embarazoso hacerlo.*

Esto también se debe a que *nos acostumbramos a las cosas habituales,* y si en la relación se habla poco de las emociones, nos sentimos incómodos al cambiar este aspecto de la relación. De hecho, podemos llegar a *sentirnos ansiosos por ello.*

Sé que muchas personas no se sienten seguras de expresar sus sentimientos y esto puede ser una causa importante de ansiedad en una relación. Y ahora el valor de escuchar en silencio se hace aún más claro y explícito.

Pero, ¿cómo se pueden decir esas palabras tan difíciles y asegurarse de que se entiendan?

El Lenguaje de los Sentimientos y Emociones

¿Recuerda que dijimos que el problema suele ser que hay "cadenas de desacuerdos" que empezaron hace mucho tiempo (como las diferencias) porque el *punto no se expresó correctamente la primera vez?* Permítanme mostrarles dos ejemplos:

Joseph no para de quejarse por todo... Clarissa, su compañera, lleva años aguantando sus enfados y lamentos y ahora no lo soporta más... Están frente al televisor, él se queja de un tonto anuncio y ella se dirige a él, y con un tono enérgico y cortante le dice: "¡Oh, deja de quejarte por el amor de Dios!".

¿Cómo cree que reaccionará Joseph? ¿Cuál cree que será su primer pensamiento, su primer sentimiento?

...

Estoy seguro de que estará de acuerdo en que tal vez su primer pensamiento o sentimiento sea de sorpresa, de disgusto, incluso de incredulidad... Pero luego, el "sentimiento de daño personal" se instalará y... bueno, Clarissa sería muy afortunada si se lo tomara bien. Si se calla, puede interiorizar la ofensa y eso puede causar todo tipo de problemas psicológicos graves más adelante. Desde inseguridad, hasta autodesprecio, etc.

Entonces, ¿qué puede hacer? Verá, Clarissa le *ha puesto en una situación en la que debe defenderse.* Aunque no lo sepa conscientemente, al menos sabe inconscientemente que si no reacciona está en juego su propio bienestar emocional. Así que la respuesta más probable en una situación de (aunque sea pequeño) pánico y sorpresa no es racional ni correcta... Es "devolver la pelota". Tal vez niegue que se queja, tal vez diga que no estaba quejándose, tal vez diga algo parecido a: "No puedes decir ni una palabra en esta casa", o tal vez responda de vuelta con: "Y tú... ¿dejarás de hablar con tu hermana cuando vea la televisión?".

Esto último es bastante común. Si un compañero dice: "Tú haces esto", la respuesta "Tú también" es muy común e instintiva. Lo aprendemos en la escuela. El profesor dice: "George deja de meterte con Juan", y el "Pero él..." es previsible y rápido...

Pero esto también establece un vínculo entre el enfado de Joseph y la llamada telefónica de Clarissa a su hermana. Este vínculo tiene una gran carga emocional, y es probable que se convierta en una de esas cadenas que se prolongan durante décadas... Dentro de veinte años, seguirán lanzando estos dos argumentos, uno contra otro en cada desencadenamiento...

Lo único peor que podría haber hecho Clarissa es añadir un insulto personal, como "viejo tonto". Y la única forma en que Joseph podría haber salvado el día habría sido recomponerse, tragarse el dolor y decir: "¿Es eso lo que realmente te molesta? ¿Podemos hablarlo con calma?"

Pero, como sabe, estas son palabras muy difíciles de encontrar cuando uno acaba de ser herido...

Ahora usaré una máquina especial, es incluso más avanzada que una máquina del tiempo... Esta máquina puede trasladarlo a una dimensión paralela... ¿Listo? ¡Aquí vamos! Ahora, en esta dimensión Joseph sigue siendo un gruñón y un malhumorado. Todavía ve la televisión y se deja llevar por los anuncios tontos (yo también lo hago, no me diga que Joseph está basado en mí...)

Pero en esta dimensión, Clarissa había leído este libro, y sabe cómo comunicar las emociones... En esta dimensión los anuncios siguen siendo los mismos, y aparece el mismo anuncio. Y Josh se queja...

Clarissa está realmente cansada de esto, y decide resolver el problema... Sale de la habitación... Va a ordenar sus pensamientos, y al mismo tiempo, *permite a Joseph superar el momento de enfado.* Verá, aunque sólo se queje, aunque pueda parecer algo muy pequeño y superficial, el mero hecho de que reaccione así, puede significar que hay algo más profundo en su mente.

Ese anuncio tiene una gran carga emocional para él. Tal vez presenta a la sociedad de una manera que le perjudica. Piense en todos los anuncios que muestran a mujeres en la cocina... pueden tener una carga emocional para algunas personas...

Bien, entonces ella vuelve y dice: "Joseph, tengo que decirte algo". Así *prepara a Joseph para lo que va a decir, evitando una sorpresa, un choque y una reacción impulsiva.*

Y finalmente, cuando él está listo, la televisión está fuera de su "obra maestra":

"Joseph eres un hombre encantador, pero cuando te enfadas por estas cosas, me hace sentir mal".

Podría haber dicho: "Me hace sentir triste, cansada, vieja..." cualquier cosa que exprese su estado de ánimo y sus sientimientos.

¿Pero ha visto la diferencia? ¿Se ha dado cuenta de cómo *ella abre su corazón a Joseph diciéndole realmente la verdad y al mismo tiempo le invita a abordar el problema de forma constructiva?*

Y le deja el terreno de juego a Joseph, para que le pida más detalles.

Y la conversación podría seguir así:

"Oh, de verdad, no me había dado cuenta. ¿Cómo te sientes exactamente al respecto?"

Pero para la mayoría de las parejas, estas son realmente historias de otra dimensión.

Veamos todos los pasos en detalle.

- *No reaccione inmediatamente.*
- *Ordene sus pensamientos antes de expresarse.*
- *Permita que su pareja salga de la situación que desencadenó lo que usted desea criticar o abordar.*
- *Prepare a su pareja para lo que va a contarle.*
- *Asegúrese de que tiene toda su atención.*
- *La frase que utilice debe tener elementos claros.*

1. *Debe tener un cumplido o una frase empática al principio. "Te quiero mucho pero..."*
2. *Debe señalar la actividad, la acción, no la persona ("cuando haces esto", no "eres").*
3. *Debe utilizar un verbo como "sentir" para expresar el*

sentimiento y la emoción. De este modo, el interlocutor entiende que le está haciendo daño.

4. *Nunca debe pedir una acción inmediata ("deja de quejarte"... dele tiempo para que se enmiende).*

5. *A continuación, debe darle espacio a su pareja para que responda.*

Es el momento de frenar y hacer un balance de lo que hemos aprendido. Esta estructura es tan fundamental para la comunicación en las relaciones, que debemos asegurarnos de conocerla perfectamente.

Cada paso y cada elemento de esta estructura son necesarios. Pero puede añadir partes, por ejemplo una frase final de unión. Pero sólo puede añadir afirmaciones positivas. No se pueden recortar partes. Ahora, póngase en el lugar de alguien que escuche esto... ¿Cómo se sentiría? A pesar de que esto está expresado de la manera más suave posible, tiene *consecuencias emocionales.*

Para la mayoría de las personas escuchar una frase como la que hemos visto es:

- *Desconcertante;* cuando escuchamos los sentimientos expresados con honestidad y calma, sólo ponemos en marcha todos nuestros mecanismos de defensa (que son los que Clarissa activa... y todos hacemos cuando acusamos a alguien sin presentar nuestro dolor...)

- *Una epifanía* en muchos casos; las personas se dan cuenta de que han hecho algo malo de lo que, muy probablemente, no eran conscientes.

- *Catártico* en muchos casos; la persona puede sentir sus propios sentimientos surgiendo y queriendo "salir" y ser expresados.

Si sólo consigue la primera, habrá abierto una vía sólida para la discusión, un camino a seguir. Si obtiene las tres, lo más probable es que pase directamente a un momento resolutivo. La conversación se volverá emocional (en el buen sentido) y la solución en estos casos suele estar al alcance de la mano en esta misma "sesión".

En otros casos, puede pasar algún tiempo antes de llegar a un acuerdo. Realmente depende de la complejidad del problema, del momento, de cómo responda su pareja y de cuestiones prácticas. Si, por ejemplo, siente que necesita unas vacaciones y su pareja no se ha dado cuenta, puede pasar algún tiempo antes de que se ponga las sandalias y se vaya a una playa soleada...

Pero ahora tiene una herramienta muy importante a su disposición, intente aprenderla de memoria y practíquela antes de utilizarla con su pareja. Y aquí tiene algunas sugerencias para memorizarla y "perfeccionarla".

- *Escriba unas cuantas frases con este formato.* Cambie el contenido pero mantenga el formato y escriba varios para familiarizarse con la estructura.
- *Practíquelo frente al espejo.* Tiene que asegurarse de que el discurso sea creíble, no exagerado ni subestimado, tranquilo y que suene natural. Haga lo que hacen los actores y los

bailarines de ballet: mírese al espejo y corrija las partes que no le gusten.

- *Pruébelo con "personas menos importantes".* Puede utilizarla (con temas y sentimientos menos personales) con conocidos, compañeros de trabajo e incluso clientes o consumidores si quiere. Una cosa es decirse una "frase" a usted mismo y otra es usarla frente a un público. Empiece con un público "sin consecuencias" para que cuando tenga que enfrentarse a su pareja, se sienta mucho más seguro. ¿Tiene un perro o un gato? Son el público perfecto para probar esto. Sí, incluso los periquitos y los hámsters...

No puedo dejar de insistir en la importancia de comunicar correctamente las emociones y los sentimientos. Así que, ¡practique, practique y vuelva a practicar!

Pero ahora sí que puede empezar a cambiar su relación a un nivel muy profundo. Hay tantos aspectos diferentes en una relación que, por supuesto, ésta no es la solución a todo. Pero es necesario crear un campo de juego uniforme antes de construir su relación (e incluso su personalidad). Y estos malentendidos y problemas son enormes obstáculos en el camino...

Así que empiece a deshacerse de lo que le hace daño y luego podrá mejorar lo que le agrada...

Lenguaje Fático

Muchas de las cosas que decimos no tienen una función práctica real. ¿Un ejemplo? El anticuado "¿cómo está usted?". No significa lo que dice, ¿verdad? La respuesta tampoco tiene sentido. En el Reino Unido, incluso "¿cómo está usted?" se está convirtiendo en lo mismo. La gente contesta cada vez más a menudo "¿Cómo está usted?" sin molestarse siquiera en dar una respuesta adecuada...

Entonces, ¿a qué viene todo esto? Son **expresiones de unión;** sólo sirven para *(re)establecer un vínculo social y emocional, para decir: "Nuestra relación está bien".* Y esto es lo que llamamos "lenguaje fático".

¿Dice buenos días cuando se levanta y ve a su pareja? ¿Dice algo agradable antes de salir de casa? Curiosamente, algunas personas lo hacen y otras no...

Hay muchas variables sociales e influencias culturales en el uso del lenguaje fático, así que vamos a intentar arrojar luz sobre esto. Algunas personas consideran que el lenguaje fático es una "pura formalidad" o incluso una "conversación trivial". Pero si bien puede ser "parte de una conversación trivial" en algunos casos, no es una conversación trivial cuando se utiliza para establecer un vínculo.

Pero esto significa que algunas personas también colocan el lenguaje fático - erróneamente - en la categoría de "cosas que se dicen en el trabajo, con extraños, cuando estoy de traje y corbata" y no con sus allegados o parejas.

Sucede que en algunas relaciones, el lenguaje fático desaparece lentamente o se vuelve menos regular. ¿Sigue diciendo "gracias" y "bienvenido" a su pareja o se encuentra utilizando estas palabras más puntualmente con desconocidos?

¿Qué dice cuando llega a casa? ¿Va directamente al "qué día tan horrible en la oficina" o se toma el tiempo de decir primero "hola, qué tal el día"?

Cosas que parecen innecesarias, irrelevantes y redundantes, pueden marcar una gran diferencia en la calidad de la relación. Esto es tan importante, de hecho, que incluso las redes sociales han tenido que aceptarlo... La gente empezó a utilizar de forma natural letras, para expresar conceptos de unión sencillos, como :-), o ;-), la variante del guiño o :-D... Las empresas captaron la indirecta y crearon los emojis...

Existe, de hecho, un estudio de Wang, Tucker y Rihll, titulado "On Phatic Technologies for Creating and Maintaining Human Relationships" (en *Technology and Society*, vol. 33, 2011) que explora la forma en que los usuarios de los medios sociales han sentido y expresado la necesidad de utilizar el lenguaje fático en la web y sus plataformas como una forma "de establecer, desarrollar y mantener relaciones sociales."

Entonces, si sentimos la necesidad de usar el lenguaje fático con nuestros "amigos" de Facebook ¿por qué nos da miedo usarlo con nuestras parejas?

Ahora, sea consciente de su uso del lenguaje fático. Obsérvese a usted mismo durante un día (de forma intermitente, por supuesto), y luego, al final del día, responda a estas preguntas:

1. ¿Utiliza el lenguaje fático todo el tiempo o lo omite a veces?
2. ¿Con quién y en qué situaciones lo utiliza más?

3. ¿Lo utiliza habitualmente con su pareja?

Y puede volver a esto después de haber contestado.

...

Si su uso del lenguaje fático es regular, homogéneo y uniforme durante el día y con las personas que conoce, ¡bien hecho! Sólo tiene que asegurarse de mantenerlo. Sin embargo, este no es el caso de la mayoría de las personas. Algunas personas lo utilizan más por la mañana y menos cuando se cansan. Otras lo utilizan más con personas en posición de poder (su jefe) y menos con sus compañeros.

Bueno, ya sabe que las personas que lo usan con frecuencia también tienen ventajas en su carrera... Pero si sólo lo usa con su jefe, puede perder la colaboración de algunos de sus compañeros... Sí, es tristemente cierto que las personas con poder suelen recibir más "gracias" que nuestros compañeros y colegas...

¿Y con su familia, sus amigos y su pareja? Si cree que hay margen de mejora, propóngase utilizar el lenguaje fático más a menudo. Recuérdelo por la mañana y luego, por la noche, pregúntese: "¿Lo he utilizado un poco más?".

Poco a poco, volverá a su lenguaje cotidiano como si nunca se hubiera ido.

Y ahora que tiene las herramientas básicas para mejorar su comunicación, puede empezar a "ensuciarse las manos"...

Así que, a continuación, podemos tener por fin un "capítulo rosa"... Adivinó, estamos entrando en el reino del romance, y vamos a explorar todos los diferentes tonos y matices que las relaciones románticas pueden tener...

¿Listo para cincuenta sombras de relaciones románticas?

4

CINCUENTA SOMBRAS DE LAS RELACIONES ROMÁNTICAS

Y no son cincuenta... En realidad, con todos los sentimientos, como con los colores, podemos encontrar tantos matices como podamos ver, prácticamente hasta el infinito. Pero hay algunas "grandes áreas" que merecen cierta atención. Decíamos que ninguna relación romántica es igual a otra, pero hay algunas cosas que podemos asegurar:

- *Las relaciones románticas son las más íntimas de todas.*
- *Las relaciones románticas están entre las más importantes de nuestra vida* (los hijos suelen ser más importantes, pero no necesariamente).
- *Las relaciones románticas suelen ser de las más intensas que tenemos.*
- *Las relaciones románticas tienen una gran carga emocional.*

- *Las relaciones románticas se desarrollan con el tiempo.*

Y es con este último punto con el que empezaremos...

Cómo se Desarrollan las Relaciones Románticas

Una relación romántica es un poco como un día... Puede que vea el mismo lugar, tal vez una encantadora casa de campo rodeada de flores, árboles y pájaros en el campo. Pero mientras la casa de campo es la misma, por la mañana sale el sol y la luz es brillante al principio, luego, al mediodía, los colores se vuelven más cálidos, ya que la calidad de la luz solar cambia. Por la tarde, las sombras se extienden en el suelo y los colores se vuelven más suaves, luego más oscuros, hasta que se ve una cálida puesta de sol detrás de la casa de campo que rompe el cielo...

Bien, he querido ser poético... Pero seguro que entiende lo que quiero decir. En cualquier momento de este día, no podemos ver cómo va a cambiar el escenario y, además, *no creemos ni admitimos que nuestra relación vaya a cambiar nunca, sobre todo al principio.* Cuando estamos en brazos de la pasión, no creemos que un día podamos acabar siendo dos viejos "compañeros de vida"... Pero si la relación dura, lo más probable es que esa sea la "tarde" que te espera...

Además, *nos resistimos a los cambios en nuestras relaciones senti-mentales.* No siempre y no siempre conscientemente. Nos resistimos a los cambios. Seguramente de forma consciente, cuando las cosas van bien. Una de las principales fuentes de ansiedad en una relación es el *"miedo a separarse".* El "vamos a hacer una pequeña pausa para pensar" es un pensamiento horrible para cualquiera. Nunca queremos que llegue ese momento. Por eso, cuando las cosas van bien, cualquier cambio es un riesgo...

El problema es que a veces, en realidad muy a menudo, tenemos tanto miedo a cambiar nuestras relaciones que, consciente e incluso inconscientemente, *nos resistimos a los cambios incluso cuando van a mejorar nuestra relación.*

Un ejemplo típico es *cuando una relación necesita desarrollarse.* Tal vez, de la etapa de la pasión, hay que pasar a una etapa más responsable... Irse a vivir juntos, por ejemplo, o tener un hijo. No es un paso fácil de dar... ¿Qué pasará con toda la pasión? Por otro lado, puede ser la única solución, porque la pasión se está consumiendo y la relación no tiene otra forma de sobrevivir si no cambia.

En algunos casos, la única opción es "bajar" la escalera de la intimidad. En el caso de dos personas casadas que se separan, esto es muy claro. Ambos deben renunciar a la relación romántica e íntima y pasar a una relación de tipo amistoso. Si uno de los miembros de la pareja no puede aceptarlo, toda la relación (en términos generales) está en peligro... y si todavía está (muy) enamorado de su pareja, este es un paso muy difícil de dar.

Así que *tenemos que entender que las relaciones evolucionan y estar preparados para dejar que suceda y evolucionar con ellas, pero cualquier cambio puede ser un reto.* Algunas relaciones pueden, en teoría, permanecer igual para siempre, aunque no creo que conozcamos ninguna todavía... Pero lo que sí podemos hacer es *fijarnos en las diferentes etapas de una relación romántica y estar preparados para los numerosos cambios.*

Esto por sí solo *puede disminuir la ansiedad, la preocupación, la frustración y la inseguridad.*

Ahora bien, tenga en cuenta que lo que sigue es una *lista de todas las etapas posibles, no de las necesarias...* Se sabe que hay personas que se enamoran, se casan y se divorcian en 48 horas, y hay algunas etapas que hay que saltarse para conseguirlo... Así que tenga en cuenta que *no todas las relaciones pasan exactamente por las mismas etapas.*

Sin embargo, una cosa es que, *con las diferentes etapas de las relaciones románticas, el lenguaje cambia y las parejas deben cambiar también.* Y pronto abordaremos este punto en detalle. Algunas etapas son previas a la relación y otras son posteriores.

Etapa 1 - Encuentro (normalmente antes de la relación)

Por supuesto, lo primero que hay que hacer en la mayoría de las relaciones es conocer a la pareja. Para la mayoría de nosotros ese es un "momento mágico" que recordaremos con cariño toda la vida. Y la forma en que lo recordamos es siempre una pista sobre cómo nos sentimos en nuestra relación. La típica comedia en la que uno de los miembros de la pareja maldice ese momento de forma creativa. En la vida real esto no suele ocurrir, si no es como una broma compartida...

Por eso, mire a su pareja a los ojos cuando recuerde ese momento y verá ese brillo que le reafirma en que siguen muy enamorados el uno del otro, aunque a veces cueste expresarlo.

¿Pero he dicho "para la mayoría de nosotros"? Sí, porque no siempre es así. Muchas personas en matrimonios concertados sólo conocen a sus parejas después del compromiso, y esto ha ocurrido como norma con las familias reales de toda Europa durante siglos.

Etapa 2 - Enamoramiento (normalmente antes de la relación)

Es esa época en la que el mundo cambia... Se siente tan extraño, ¿verdad? La luz es diferente, los olores son distintos, la comida sabe diferente, incluso el tiempo parece haber cambiado de ritmo. Pero, sobre todo, en esta etapa sólo podemos pensar en una cosa durante todo el día: en realidad, en una persona.

Pero el enamoramiento es una fase de transición: en la mayoría de los casos, el enamoramiento sólo dura unos meses. Pero depende mucho de la persona y de la situación. Algunos enamoramientos pueden durar literalmente unos días. Después, puede que razones prácticas, o incluso un cambio de opinión (¿de corazón?) le pongan fin.

Algunas personas pueden controlar el enamoramiento. Algunos la detienen porque la persona ya está encariñada y pueden hacerlo. Otros la detienen porque la persona es un colega. Otros la detienen porque "no están preparados" para una relación. O, en algunos casos, el enamoramiento simplemente se desvanece tan rápido como había llegado.

En cualquier caso, *el enamoramiento es para muchas personas bastante fácil de controlar e incluso de terminar.* A pesar de ser un sentimiento muy poderoso, no hay demasiado en juego, porque suele ser algo que ocurre antes de que comience realmente una relación.

Por lo general, de nuevo, porque existen las excepciones habituales, como, bueno, incluso la gente que se enamora de su esposa o marido después de años de matrimonio... O la gente que se vuelve a enamorar etc.... ¡El amor es realmente impredecible!

En cualquier caso, *durante el enamoramiento nos resulta fácil expresar nuestros sentimientos, tanto a nosotros mismos como a los demás.* Es la época en la que no dejamos de decirle a nuestro amigo que "Oh, estoy tan enamorado de..." y luego suspiramos distraídamente...

También es el momento en que *los sentimientos se imponen a la razón.* Es cierto que esto parece contradictorio con el hecho de que algunas personas pueden dejar de encapricharse muy fácilmente. Pero la mente es mucho más compleja de lo que la gente cree. Cuando somos irracionales, el único pensamiento racional ("no es el momento, no es el momento") destaca muy claramente, mucho más que cuando nuestra mente está atestada de otros pensamientos racionales, analíticos y lógicos...

De todos modos, el enamoramiento es una gran experiencia.

Etapa 3 - Conocimiento mutuo (antes/durante la relación)

Para ser sinceros, nunca se deja de conocer a alguien, pero aquí nos referimos a "conocer el grueso de la personalidad de alguien" los primeros pasos clave. Ahora bien, *la forma en que haga esto realmente puede determinar el tipo de relación que es probable que construya.*

Esto también es algo sobre lo que las personas suelen tener grandes preferencias, aunque sean subconscientes. Algunos tienen en mente que la forma de conocer a su pareja es, por ejemplo, casual. Para estas personas, las aplicaciones, agencias y sitios de citas quitan toda la magia de conocer gente nueva.

A otras personas les gustan las "fases de conocimiento" repentinas e intensas. A otras les gusta que las amistades se conviertan en relaciones románticas. Por otra parte, hay personas a las que les impide convertirse en pareja romántica y quieren que esta fase sea nueva con el enamoramiento.

¿Puedo repetirlo? El amor es realmente imprevisible. *Pero es probable que esta fase deje una huella en toda la relación.*

Si su fase de conocimiento fue de amistad, es probable que su relación romántica tenga fuertes características de amistad. Todos sabemos que las parejas que conoció en la infancia tienen relaciones muy íntimas pero también comprensivas. Si conoció a su pareja durante unas vacaciones de verano, su relación puede tender a esa dimensión apasionada pero descuidada que dan las vacaciones. En cambio, una fase de conocimiento en el trabajo puede incorporar a la relación intereses comunes, incluso el respeto mutuo.

Sea consciente de la importancia de esta fase sin preocuparse por ella. En cierto modo, ésta también es una fase de bajo riesgo. Es el momento en el que todavía puede cambiar de opinión. Así que, sin provocar una ansiedad inútil, tenga en cuenta que esta fase también es muy importante y que siempre puede mirar atrás para calibrar el funcionamiento interno y la estructura básica de su relación.

Etapa 4 - Citas (inicio de la relación)

Esta es una fase muy maravillosa y romántica. Las citas pueden durar desde una sola noche o un solo día hasta... bueno, tanto como se sienta cómodo. Algunas personas que aman su vida independiente convierten la fase de las citas en la parte principal de su relación romántica. Esto también ha sido promovido por muchas comedias estadounidenses, en las que los personajes salen durante toda una serie (o dos, tres series) antes de sentar la cabeza...

Se trata de una fase en la que, por lo general, las personas están *ansiosas por expresar sus emociones, pero pueden sentirse ansiosas o inseguras al respecto.* Es totalmente comprensible. *Es el momento en que la mayoría de la gente dice "te quiero" por primera vez.* Y este es un paso muy difícil y lleno de ansiedad.

Una cosa que podría sugerir en este momento es *no decir nunca esas tres palabras a menos que realmente lo crea.* Algunas personas pueden decirlo porque abre la puerta a una relación estable. Pero si esta es la única razón, en realidad puede conducir a una gran frustración, incomprensión e inseguridad.

Además, evita decir esas palabras demasiado pronto. A no ser que haya una gran química entre los dos, lo más probable es que parezca un poco "apurado" o "demasiado entusiasta" si dice "te quiero" a alguien a quien sólo ha visto una o dos veces. Pero en esto, por favor, use su discreción. Puede que haya amado a alguien a distancia, por ejemplo (y en este caso, curiosamente, lo normal es que quiera retrasar la pronunciación de esas palabras...)

Y elige un buen momento para decirlo... Besarse a la luz de la luna siempre es mejor, o frente a una fantástica puesta de sol... Haz que ese momento sea especial para los dos...

Y si su pareja lo dice primero, *no se sienta obligado a corresponder a menos que le quiera de verdad.* Decir "te quiero" por cortesía puede causar más daño a largo plazo de lo que imagina. No se metas en una relación para la que no está preparado. De acuerdo, el amor no es necesario para una relación (para muchas personas). Pero si su pareja empieza una relación con usted pensando que le quiere y no es así.... Ellos pueden tener mayores expectativas mientras que usted sólo quieres una relación ligera. O puede desarrollar una relación desequilibrada y desigual.

No utilice las citas únicamente como "un medio para alcanzar un fin". Tiene que ser una fase que realmente disfrute. Y no utilice las citas para asegurar una relación estable. Aunque sea el final definitivo de una fase de citas, debe surgir de forma natural y no porque haya forzado los acontecimientos.

Tenga en cuenta también que las citas deben ser, sobre todo al *principio, abiertas.* Empiece con la idea de que *las cosas pueden o no funcionar durante esta fase y que no es culpa de nadie.* Y si las cosas no funcionan para usted, bueno, ¡todavía puede haber pasado un buen rato!

No cargue las citas con expectativas. Le sorprendería saber que *su pareja puede (y probablemente lo hará) realmente "sentirlo".* Las personas se dan cuenta cuando se les imponen expectativas, incluso a nivel subconsciente. Y si lo hacen, pensarán que está "necesitado" y en muchos casos, esto en sí mismo impedirá el éxito de la fase de citas.

En lo que respecta a las citas, nunca intente forzar las cosas o la mano de tu pareja; en pocas palabras, ¡*sigua la corriente*!

Etapa 5 - Experimentación (inicio de la relación)

La primera fase de la mayoría de las relaciones tiene un carácter experimental. Esto no significa sólo en la intimidad, aunque también. También significa en términos de la forma interpersonal y social de la propia relación. ¿Suena un poco abstracto?

Es en este periodo cuando *los miembros de la pareja descubren si son compatibles sexualmente*, pero también es el periodo en el que *establecen sus roles dentro de la relación.* También es el periodo en el que la pareja (o más, ya llegaremos a esto) *establece patrones sociales con los demás.*

Esto tiene muchas consecuencias.

- En esta etapa, se pueden desarrollar hábitos que luego se *osificarán* en la relación. Y esto es muy importante. En esta etapa suele ser más difícil *darse cuenta de los rasgos desagradables de la pareja o de la relación.* Pero si lo hace, intente cambiar las cosas ahora, antes de que se conviertan en un hábito, en algo "*dado*", antes de que se den por sentadas.

En esta fase, preste especial atención al *tipo de relación* que está formando: igualitaria/desigualitaria, unidireccional/de doble sentido/abierta/cerrada, etc. Una vez más, en esta fase está *negociando el tipo de relación que quiere construir.*

Sé que verlo en términos de negociación no es una perspectiva romántica de cuento de hadas. Y puede (debería) mantener el romance a toda costa. Pero añada esta dimensión a su relación. Sin preocuparse, *no dude en hablar de las direcciones que le gustan y las que no.*

Si lo hace ahora, cuando la relación aún es maleable, se ahorrará muchos dolores de cabeza más adelante.

- A no ser que se proceda del mismo grupo de amigos, es entonces *cuando los dos grupos de amigos se involucran.* En algunos casos, uno de los miembros de la pareja abandona a sus amigos (más a menudo ella) y empieza a salir con los amigos de la pareja. Esto es muy arriesgado. Para empezar, requiere un esfuerzo adicional por parte de la pareja. *Tener una nueva pareja y nuevos amigos al mismo tiempo es difícil de gestionar.*

Es más, en la mayoría de los casos, la persona desafortunada siempre seguirá siendo "el novio de fulano" o "la novia de fulano", especialmente si los amigos se conocían desde hace tiempo.

Esto, a su vez, significa que *si la relación se rompe, el "la persona fuera del círculo de amistades" se quedará sin pareja y sin amigos.*

Por lo tanto, **nunca deje de ver a sus antiguos amigos.** Perdone si lo repito, pero nunca podré insistir lo suficiente en lo importante que son los amigos para una relación. Hay un libro maravilloso sobre ello,

Vite Normali, de los sociólogos R. Brigati y F. Emiliani. Desgraciadamente, sólo está en italiano, pero describe cómo una vida sana necesita de otros significativos, y los amigos son fundamentales en la dinámica de la felicidad y la "normalidad".

Aunque tenga que verlos de "forma secundaria" y no como su grupo social principal, mantenga siempre con usted a unos cuantos amigos íntimos. Son su mejor refugio cuando las cosas van mal, y también necesitará su perspectiva, sus opiniones y sus consejos a medida que avanza su historia romántica.

- También suele ser el momento en que se producen los *primeros encuentros con la familia de la pareja.* De nuevo, no es una "regla del 100%"; puede que los conozca desde la infancia, o que se encuentres con ellos antes. Aun así, este también es un momento muy importante. ¿Por qué?

Con la familia conocerá el pasado, el trasfondo social y los valores que han formado a su pareja. Por otra parte, ¡es tan difícil establecer una relación de colaboración con la familia política! En la mayoría de los casos, acaban siendo relaciones "conflictivas", pero depende.

Si la familia de su pareja tiene una mentalidad abierta, lo más probable es que lo acojan como un nuevo miembro de la familia. Sin embargo, algunas familias ven cualquier "adición" *como un desafío potencial a la identidad, la historia y los valores de su familia.* Esto puede acabar provocando tensiones en la relación.

¿Qué puede hacer si este es el caso? *Intente no enemistarse con sus suegros.* Establezca un "sentido de complicidad" con el pariente político del sexo opuesto al suyo. Puede que vea que el compañero de tu propio sexo es el que más lo critica. *No se lo tome como algo personal;* su suegro/a simplemente está defendiendo su identidad y su papel familiar con su pareja.

Al mismo tiempo, sin embargo, *no permita que sus suegros o sus propios padres dominen la relación. Ahora bien, sólo podrá hacerlo si colabora con su pareja.* Es la pareja la que tiene que establecerse como una unidad social independiente y autónoma. Me explico...

Si permite que sus patentes tengan una influencia indebida en lo que hace con su relación, su pareja se sentirá con derecho a hacer lo mismo con sus padres, sus suegros, y viceversa... Verá, si hace esto, acaba con *ambos grupos de suegros* interviniendo en su relación personal.

Deje las cosas claras con su pareja, estas fuerzas pueden destrozar literalmente una relación. Establezca que *todas las sugerencias de los padres y de la familia política deben ser discutidas por ustedes como pareja (o más) y que la decisión debe ser conjunta.* No puede haber uno de los miembros de la pareja trabajando con sus padres en contra del consentimiento, la voluntad, los planes o sin el pleno conocimiento del otro. Eso es una fractura dentro de la propia relación.

- También es el momento en el que se establecen *aficiones, intereses, deportes, actividades al aire libre y actividades culturales en la pareja.* En esta etapa, la mayoría de las personas infravaloran lo *importante que es conseguir un equilibrio con ellas y ser lo más completo e integrador posible.*

¿Le gusta la observación de aves? ¿Intenta llevar a su pareja con usted? ¿A su pareja le gustan las galerías de arte? Acompáñela... Tendrá que *prescindir de algunas actividades,* pero intente mantener todas las que pueda y, sobre todo, *compartir todas las que pueda.*

Este intercambio de actividades comunes es como una fuente fresca y continua de vitalidad para su relación. E imagine que su relación se convierte en la que tendrá para toda la vida... *Tener un conjunto de intereses y actividades compartidas hace maravillas para la calidad de vida en las relaciones maduras e incluso en las antiguas.*

Dicho esto, no sea "pegajoso"... *Mantenga al menos una actividad que haga sin su pareja y espere que ella (ellos) haga lo mismo.*

"¿Cuánto dura esta fase?", se preguntará usted. Para ser sinceros, no hay un tiempo final. La gente experimentará y deberá experimentar con su relación hasta que dure. Lo que realmente ocurre es que la parte experimental disminuye progresivamente y la relación se vuelve más fija y menos mutable.

Sin embargo, en la mayoría de los casos esta fase dura un año (no necesariamente). Los primeros meses son muy experimentales. Una vez que se ha vivido un año completo en pareja, las cosas empiezan a ser repetitivas. Un ejemplo que lo demuestra bien son las vacaciones juntos. Es una situación nueva, y muy grande... Lo planean juntos, van juntos, se ven en un lugar nuevo, con libertad, nuevos retos, etc..... ¿Qué pasa el año que viene? El lugar puede ser diferente, pero ya habéis pasado por la experiencia de planificar juntos, etc.

"¿Puede haber más de una fase experimental?" Sí, absolutamente. Hay acontecimientos como irse a vivir juntos, tener un hijo, jubilarse, montar una actividad juntos, etc. que *desencadenan una nueva fase experimental.*

En algunos casos, la gente opta por una de ellas (¡bueno, normalmente no se retira!) también para "rejuvenecer su relación" o, como se suele decir, para "reavivar la chispa". La realidad es que, de hecho, la relación puede haberse vuelto aburrida, sin vida y no funcional y lanzarla a una nueva fase experimental puede ser una solución. Lo que estas personas buscan es, *en realidad, una razón para experimentar con su relación.*

Desde el punto de vista ético, no sugeriría tener un hijo como razón válida. Puede ser incluso irresponsable. Pero tengo un pequeño consejo para usted: *encuentre pequeñas razones para hacer pequeños experimentos regularmente.* En lugar de esperar a que la relación en su conjunto se vuelva "tensa", mantén la experimentación a un nivel bajo. Para ello, puede, por ejemplo:

- Busque nuevas actividades para hacer juntos.
- Encuentre nuevos intereses.
- Consiga nuevos amigos.
- Visite nuevos lugares.

Incluso cambiar de restaurante o de tipo de películas puede ser una buena idea. Empiece a ir al teatro si no lo hace, o a lecturas de poesía. Encuentre un bonito parque natural cercano para visitar. Empiece a hacer yoga o a pintar... Cada experiencia es un pequeño experimento y es mucho más probable que las *relaciones reaccionen bien frente a muchos pequeños experimentos que uno grande, sobre todo cuando ya muestran signos de tensión y/o debilidad.*

Y para demostrar lo importante que es esta fase, muchas relaciones se rompen al final de la misma. Si pasa los primeros meses, básicamente ha "superado el experimento", y si esto ocurre, la mayoría de la gente se siente preparada para una fase de mayor compromiso: la fase de la responsabilidad.

Etapa 6 - La fase de responsabilidad (la relación alcanza la madurez)

Si el experimento va bien, normalmente los *miembros de la pareja sienten que la relación es lo suficientemente fuerte como para asumir nuevas responsabilidades.* La más importante, por supuesto, es tener un bebé (por nacimiento o adopción). Pero no es la única. Las responsabilidades *pueden incluir cualquier proyecto que emprendan como pareja, desde los más pequeños hasta los más grandes.*

Desde formar un hogar juntos, hasta comenzar un negocio juntos, pasando por diseñar el patio o cambiar los muebles del dormitorio, esta fase *se caracteriza porque la relación asume cada vez más responsabilidades.* Pero esto tiene dos caras:

- Por un lado, *consolida la relación;* también añade nuevas dimensiones y significado a la relación. Si tiene éxito, puede ser una fuente de gran satisfacción.
- Por otro lado, esto puede *poner en tensión la relación*, sobre todo si los proyectos no tienen éxito o si son demasiado pesados para la pareja (o más).

Una de las razones por las que la planificación familiar es buena para las relaciones es que las parejas que de repente tienen la responsabilidad de un hijo pueden ceder bajo su peso. Tanto si está de acuerdo como si no lo está desde el punto de vista moral con la planificación familiar, una *pareja (o más) que planifica cuándo tener hijos tiene muchas más probabilidades de ser feliz y tener éxito que una que no lo hace.*

Ahora piense en lo difícil que puede ser para las parejas que se conocen, ella se queda embarazada durante la fase de noviazgo, y se saltan todos los pasos que una relación necesita para madurar. En realidad es un conjunto de problemas mucho más profundo de lo que la gente entiende... Significa no sólo que pueden no tener medios económicos para hacer crecer al niño de forma adecuada. A menudo significa que cada miembro de la pareja está resentido con el otro por lo que ha ocurrido (una situación muy "tóxica"). En realidad significa que ni siquiera han tenido la oportunidad de comprobar si el "experimento ha funcionado".

En general, una pareja responsable debería aspirar a tener hijos sólo cuando haya pasado con seguridad a esta fase. Lo temprano o lo tarde que sea puede depender de muchos factores (no sólo el económico).

Pero ahora que sabe que asumir nuevas responsabilidades puede tener un efecto negativo en la relación ¿está seguro de que la primera responsabilidad que quiere es un hijo? Le estoy tomando el pelo, o dejando caer migajas hacia una solución...

Sea experimental y prudente incluso con las responsabilidades.

Sí, porque ser experimental no excluye ser sabio. La idea es:

- *Empiece a asumir pequeñas responsabilidades.* Vea cómo aguanta su relación con ellas.
- *No asuma más de una responsabilidad a la vez, si es posible.* Y esto es importante... Las parejas (o más) que creen que pueden hacerlo todo con la "fuerza de su amor" -bueno, a veces lo consiguen-, pero se arriesgan a sobrevalorar la fuerza y la estabilidad de su relación y pueden enfrentarse a momentos difíciles, incluso al fracaso y pueden llegar a perder la fe en su propia relación.
- *Si puede, tómese un descanso entre proyectos y responsabilidades.* Bien, ya ha comprado su casa. ¡Ahora disfrútelo! Tómese un tiempo libre, disfrute de la vida antes de pasar al siguiente paso. ¿Entiende lo que quiero decir? Necesita descansar y recargar sus niveles de energía...
- *Asuma responsabilidades que sean progresivamente mayores.* Es muy tentador empezar directamente con "la grande", pero ¿es prudente? ¿Quiere tener una granja? Empiece con un pequeño jardín...
- *Reflexionar.* Reflexionar, en educación, significa hacer una pausa, *mirar hacia atrás, analizar, evaluar y decidir lo que hiciste bien y lo que necesitas mejorar.* Es esencial para el *proceso de aprendizaje.* Aproveche cada experiencia como una oportunidad para mejorar y aprender. Sin embargo, una cosa es que la reflexión no se puede hacer con prisas.
- *Esté preparado para parar, incluso para abandonar un proyecto.* Pero, a ser posible, no piense que si un proyecto fracasa, usted ha fracasado. Esta es una gran mentira que la sociedad nos ha contado durante demasiado tiempo. Los

proyectos fracasan por diversas razones. Y tienen éxito por diversas razones. La sociedad, las oportunidades sociales y los factores macroeconómicos (como una recesión) *son factores mucho más importantes para el éxito de un proyecto* que la capacidad y el trabajo de las personas implicadas. El resto es un cuento de hadas para niños (y adultos). Así que...

- *Si fracasa, no se culpe.* Bien, puede que haya cosas que tenga que mejorar. Pero siéntese y analice todas las causas posibles y probables del fracaso. Descubrirá que lo que acabamos de decir es probablemente el caso. Hay que contar con los factores externos. Y sobre todo, aunque haya cometido errores, *es totalmente natural y humano.* No se sienta "inadecuado"; aprenda de ellos y sigua adelante.

- *Mantener un plan B.* Que, por supuesto, una vez más no se puede con un niño. No puede decir: "Bueno, vamos a sustituir al niño por un roedor". Pero en términos de plan B, esto sugiere una cosa: asegúrese de que el plan B es más ligero, más fácil y menos exigente que el plan A.

Esta es una parte muy importante de la relación. *A menos que pase a una "relación constructiva", acabará sintiéndose insatisfecho con su relación.* Por eso, esta fase debe gestionarse bien, con prudencia, lentamente y en pequeños pasos.

Al mismo tiempo, *esta fase puede cambiar, y de hecho lo hace, el carácter de la relación. De un carácter apasionado y romántico, la relación pasará a ser más "orientada a objetivos" y responsable.*

Esto puede ser una fuente importante de ansiedad y frustración.

Puede ocurrir que ambos miembros de la pareja se dediquen de lleno a los proyectos y a las responsabilidades y luego miren hacia atrás y digan: "Pero, ¿dónde se ha ido toda la pasión?", y esto sería malo. Pero hay algo peor...

¿Qué tal si uno de los miembros de la pareja dirige toda su atención al lado "constrictivo" de la relación y el otro quiere centrarse más en el lado romántico y apasionado? En este caso, se pueden ver nubes muy oscuras en el horizonte. De hecho, *cada vez que los miembros de la pareja no están en sintonía puede causar graves problemas a la relación.*

Pero para todo hay una solución. En este caso, hay dos:

- En esta fase, *haga que la comunicación honesta y abierta sea una parte central de su relación.* Deben hablar regularmente de sus proyectos, pero también de su relación.
- En esta fase, *mantenga vivo el romance y la intimidad.* Una de las razones por las que debería *tomar descansos* es para mantener vivo el calor del amor, el romance y la intimidad. Es demasiado fácil cambiar de enfoque por completo. No espere más de un mes para abordar la pérdida de romance e intimidad. Sí, puede ser duro, *pero tendrá que hablar con su pareja sobre ello lo antes posible.* Si no lo hace, puede caer en ese círculo vicioso en el que cuanto más

espera más duro se hace y cuanto más duro se hace más se siente incómodo por ello y espera...

Etapa 7 - La etapa de la "cosecha"

Muchas relaciones acaban convirtiéndose en un "taller" de actividades y proyectos, y se mantienen así hasta el final. Otras, sin embargo, introducen un *nuevo elemento: el disfrutar de la relación.*

De hecho, se trata más de un elemento que de una fase. Para empezar, *no excluye nuevos proyectos y responsabilidades.* Pero a medida que la relación avanza hacia los últimos años, las personas tienden a reducir las nuevas responsabilidades y a sustituirlas por "tiempo juntos" y, cuando es posible, por "divertirse juntos".

Cuando éstas se convierten en la parte predominante de la relación, podemos hablar de una "fase de cosecha".

Verá, no hay ninguna ley o regla real que diga que la fase productiva debe ser todo lo que hay (preservando el romance) de una relación. Y cuando observamos a las parejas de edad avanzada, podemos comprobar que las que han encontrado una forma de divertirse han reavivado su relación (y a menudo la pasión, incluso la vida sexual, puede ser mejor más adelante, sobre todo después de la jubilación).

Esta fase aporta una "segunda primavera" a las relaciones. Piense en cuando sea mayor; quizá no tenga energía para seguir asumiendo grandes responsabilidades. En algunos casos, es incluso irresponsable asumir responsabilidades a una edad avanzada. No es una paradoja... Piense en adoptar un recién nacido a los 70 años...

Y *la jubilación suele marcar el inicio de esta fase.* Pero no tiene por qué ser así y, de hecho, es mejor que *esta fase se introduzca por etapas, con una planificación previa a la jubilación.*

De hecho, la jubilación puede suponer un auténtico shock en la vida de las personas. Y esto es especialmente cierto para las personas que no han seguido mis consejos hasta ahora:

- Quienes no han conservado amigos
- Quienes han permitido que su intimidad se enfríe
- Quienes no han compartido actividades con su pareja
- Quienes no han dado forma a una relación equitativa, inclusiva y bidireccional.

Para estas personas, retirarse puede acabar significando: "Ya no es útil y no tiene nada que hacer en su vida". Y eso suele traducirse en una disminución de la libido y comienza todo un ciclo negativo que a veces desemboca en una depresión.

Si, por el contrario, la relación ya ha empezado a ver "el lado divertido de tener tiempo libre", ¡incluso esas jubilaciones pueden convertirse en una gran oportunidad para disfrutar de la vida!

También le da la oportunidad de **ver su relación como un valor en sí mismo.** Si centra su relación en un enfoque externo, como un proyecto, la crianza de un hijo, etc., puede acabar creyendo que ese mismo proyecto o actividad es la razón por la que tiene una relación. Esto no significa que sea malo tener un enfoque externo. Como en todas las cosas, es una **cuestión de equilibrio.**

Si, por ejemplo, usted y su pareja comparten un proyecto común, por ejemplo tener una tienda, la conversación girará sobre todo en torno a ello. Y eso puede quitarle algo de estrés a la propia relación.

Por otro lado, hay personas que piensan que están "casadas porque necesitan criar hijos"... Bueno, eso es reduccionista, ¿no? Un enfoque saludable sería que criaran a los hijos como una pareja casada que se ama independientemente del hecho de tener esos hijos.

Pero entrar en un "modo" es bastante sencillo... Volver al modo "romántico" y "vamos a divertirnos juntos" es mucho más difícil. Por eso debe *mantener siempre viva esta dimensión de diversión y disfrute de su relación.*

Una pareja feliz (o más) necesitará *al menos una tarde o noche a la semana para disfrutar y divertirse juntos.* Tenga cuidado aquí: *cambie la actividad y mantenga constante el "divertirse juntos".* Muy a menudo la gente tiene esas noches, pero se convierten en noches rutinarias. El tipo de "martes por la noche en casa de los veci-nos" se vuelve monótono y entonces, de nuevo, cambiará el enfoque de dentro de la relación (divertirse) afuera (¡mantener las relaciones sociales con los vecinos!)

Así que, para evitarlo, guarde una noche a la semana (por la tarde o por la mañana) en la que esté libre de todos los compromisos rutina-rios y haga algo placentero, divertido, agradable con su pareja y que no sea fijo. Llámelo "su noche salvaje" si quiere...

Etapa 8 - El post-relación (tras el fin de la relación)

Esta no es una fase que tenga que pasar. Puede suceder o no. Todos soñamos con el final "feliz para siempre", pero la mayoría de las relaciones terminan... Y lidiar con relaciones pasadas no es nada fácil.

La clave es **intentar cerrar la relación en términos consensuados y amistosos**. A veces es difícil, sobre todo porque su ex pareja no lo permite. Si este es el caso, debe asegurarse de no culparse por ello. Deja una puerta abierta para cuando esté preparada para aceptar los nuevos términos de vuestra relación y seguir adelante.

Tiene que ser muy firme y tranquilo cuando comunique a una (futura) ex-pareja que *quiere una sensación de cierre y que tiene la intención de seguir en términos amistosos.* Su mejor oportunidad es hacerlo cuando está:

- Solo (un parque es mucho mejor que una carretera concurrida e incluso un restaurante).
- Libre de otros compromisos (tratar de resolver estas cosas durante la pausa del almuerzo no es una buena idea).
- Relajado (en la medida de lo posible) y sin prisas.
- Ambos preparados (intenta no sorprenderle si es posible).

Aquí también debe expresar **empatía e incluso tristeza por el fin de la relación.** Frases como: "Por fin puedo ver tu otra cara", aunque a veces sea muy veraz, no es la mejor manera de negociar un trato, y eso es lo que quiere hacer.

Quiere asegurarse de que *su relación pasada no se convierta en un problema para su vida futura,* y una ex pareja enfadada no es la mejor solución. Esto es imprescindible para usted. Es su principal objetivo. Y esta es la razón por la que **nunca debe terminar una relación intentando dejar a la ex-pareja con un sentimiento de culpa, de ser "la/el mala/a", etc.** Si es posible, por supuesto.

Si no es posible, **al menos trace una línea; haga que su ex entienda que, sí, las cosas serán difíciles de superar, pero que no quiere más problemas.**

Si es posible, intente también **convertir su relación en una buena amistad.** Esto también es a veces muy difícil, y es más fácil si su relación romántica ya tiene fuertes elementos de amistad. También requiere que los dos estén de acuerdo en dejar de estar juntos.

Es cierto, tiene razón; muy a menudo el dolor en uno o ambos miembros de la pareja (o la herida, en cualquier caso) es tan grande y fuerte que esto es imposible. Pero tal vez le diga a él o a ella que está dispuesto a reiniciar como amigo cuando ambos estén preparados.

Esto le dará a su ex (y a usted mismo) algo que esperar, y una perspectiva que utilizar para remodelar la relación. No se puede imaginar lo poderosa que es esta herramienta. Nuestra mente fantasea mucho, y cuando sabemos que algo es remotamente posible, nos sentimos cómodos imaginándolo.

Y si empieza a imaginar algo, como una amistad, *empieza a aceptarlo.* Y eso pondría a su pareja (y a su amigo) en el primer paso para convertir lo que era una historia de amor en una amistad.

Así que, como puede ver, si gestiona bien sus relaciones y, por supuesto, con una pizca de suerte, pero sobre todo con la colaboración de sus compañeros, el final "feliz para siempre" no es sólo cosa de cuentos de hadas.

Muy pronto veremos también muchos más matices y colores y sabores que pueden tener las relaciones. Lo que hemos visto es que las relaciones evolucionan y cambian. Para tener una vida larga, normalmente una relación necesita hacerlo. Pero con cada cambio, hay nuevos retos, nuevas inseguridades y, a menudo, también nuevos problemas.

Pero hemos visto cómo gestionarlas, para que su relación sea feliz en cualquier etapa. Parte del éxito se debe al estilo de vida y a las elecciones vitales, pero mucho es también cuestión de comunicación, y a esto nos dirigimos a continuación.

5

"LA CHARLA SOBRE LA RELACIÓN"

P uede ser una de las cosas más embarazosas... Piensa en ello durante días (incluso semanas). Se altera por ello. Te preocupas por ello. Lo intenta delante del espejo... Pero cuando llega el momento, le flaquean las rodillas y habla del último reality de la televisión...

Se trata de una situación demasiado común. Eso sí, a algunas personas se les da mejor que a otras y, de hecho, son muchos los elementos que intervienen en la "charla de pareja", con la que, por supuesto, nos referimos a esa charla tan difícil que a veces tenemos que tener con nuestra(s) pareja(s) para salvar, cambiar o mejorar (o a veces terminar) nuestra relación.

Así, la propia conversación sobre la relación puede ser causa de inseguridad, ansiedad y, si no funciona, incluso de frustración. Y por eso hay que hablar de ello...

Qué NO hacer en una "Charla sobre la Relación"

Acabo de mostrarle lo que no hay que hacer... Supongo que ha comprendido el chiste... "Por eso tenemos que hablar de ello", no es el mejor comienzo de una conversación. Suena como si tuvieras un hueso que cortar, que usted es el que controla la conversación y, en muchos casos, puede sonar como si quisiera poner a su pareja en un aprieto.

Y hay otra cosa que no debe hacer: *no dé por sentado que su pareja es consciente del problema.* Puede que no lo sea (aunque esto es bastante infrecuente), pero primero empiece a averiguar si ya es consciente del problema. Esa sería la forma correcta, educada y amable de actuar.

No lo convierta en una prueba de fuerza

Enfoque todo el proceso como una "negociación" o, mejor aún, como una "colaboración" o como "reunirse para resolver un problema". Si cambia su perspectiva a esto, ya le resultará más fácil, menos ansioso y más centrado al mismo tiempo hablar de algo tan importante como hacia dónde va su relación.

No convierta los defectos y faltas de su pareja en el centro de la charla

¿Qué sentido tiene decirle a alguien que no aprecia sus formas? A no ser que tenga un objetivo y un resultado positivo en mente, sólo se percibe como un ataque personal. Este es un punto clave de la psicología positiva (que ya he mencionado): *si realmente debe señalar algo negativo, enmárquelo de forma positiva y dé una alternativa o solución positiva.*

Tenga en cuenta que en estas conversaciones *hay mucho en juego.* Y no me refiero solo a su relación... También están en juego la identidad, la confianza, los aspectos emocionales... Las mismas razones que pueden preocuparle se aplican a su pareja: *ambos son muy vulnerables durante esta charla.*

Piensa en lo embarazoso que es "perder la reputación". Al final, si quiere que las cosas funcionen, piense que su pareja tendrá que vivir con usted *incluso después de la charla,* y si se siente mal por ello, su relación puede sufrir.

Y este es uno de los principales motivos de ansiedad ante estas charlas... "¿Cómo será mi relación después de la charla? ¿Será igual? ¿Sentiré lo mismo por mi pareja? ¿Sentirá mi pareja lo mismo por mí?". Todas estas son preguntas que están en el fondo de nuestra mente cuando tenemos que afrontar una "charla de pareja".

La buena noticia es que la respuesta depende realmente de usted; si *no hace que la conversación gire en torno a los defectos y faltas de su pareja, sino a las soluciones, lo más probable es que su relación mejore.* De lo contrario, puede ocurrir lo opuesto.

Pronto veremos cómo enfocarlo y estructurarlo, no se preocupe, pero creo que ya puede respirar aliviado... ¿Bien? Cambie el enfoque de su malestar a la solución, o sólo se convertirá en un ejercicio de señalar con el dedo... Y esto es exactamente lo que le preocupa...

No intente tener una "posición dominante" durante la charla

Perdón si tengo que quejarme de la sociedad y del sistema educativo... Nos enseñan que "ser poderoso, estar en una posición ventajosa, en una negociación significa ganar". Lo vemos en la televisión, forma parte de la cultura occidental, etc.

Para empezar, esto no es necesariamente cierto. Además, puede funcionar en una transacción depredadora, en la que uno quiere "arrebatarle algo al otro" (como hacerse con un negocio, ganar un concurso, etc.....), pero no funciona cuando se quiere construir algo juntos...

Y sin embargo, muchos de nosotros lo enfocamos como una competición... No lo es. Y si es así como se sientes al respecto, entonces el problema está en usted. Tiene que posponerlo hasta que haya encontrado por fin el enfoque real de la "charla sobre la relación".

Esto también se aplica a cómo se habla, cuándo se habla y dónde se habla... Y ahora, demos la vuelta al reloj de arena: después de haber visto lo *que no hay que hacer, podemos pasar al lado positivo y ver cómo gestionar la "charla de pareja".*

Cómo sobrellevar una "Charla sobre la Relación" exitosa

Ahora que sabe lo que debe evitar, ya debería tener un "sentimiento" más positivo sobre la "charla de pareja". Ahora, paso a paso, verá cómo gestionar toda la charla, desde que la piensa por primera vez hasta que la tiene y hasta después...

Encuentre el enfoque de la charla: "¿Qué quiere de ella?"

Martha necesita tener una "charla sobre la relación" esta es su idea fija: "Necesito decirle a Paul lo molesto que ha sido últimamente, sale con sus amigos y me está ignorando". Al otro lado del mundo, en Nueva Zelanda, Ari también tiene un problema similar con Laura, y está pensando. "Tengo que conseguir que Laura salga un poco más conmigo, porque últimamente sale con sus amigos mientras yo tengo que quedarme en casa". ¿Quién cree que está más cerca de conseguirlo?

Por supuesto, es Ari en Nueva Zelanda quien tiene el enfoque correcto. Y el enfoque correcto te le la perspectiva adecuada. Por eso *tiene que **encontrar un momento en el que pueda dejar de lado los disgustos y centrarse en lo que quiere conseguir.***

Verá, comprendo perfectamente que si está alterado, si le han hecho daño, es muy difícil ver lo positivo. Pero aquí tiene un amigo, el tiempo. No puede esperar demasiado tiempo, ni mucho menos hasta que renuncie a resolver un problema. Pero tiene que esperar lo suficiente para tener ese "momento de lucidez".

Entonces sólo tiene que **encontrar y exponer el resultado positivo que quiere obtener de la charla.** ¿Ya está? Bien, repítalo para sí mismo una y otra vez, hágalo durante unos días de vez en cuando. Cuando sienta que este es un enfoque claro que puede utilizar. Cuando sienta que si se mete en una discusión del tipo "me haces más daño", puede recordar su enfoque real y volver a él... entonces *está listo para llamar a la charla.*

Elija el tiempo y el lugar correctamente

Piense en la *mejor situación posible para tener la charla.* Ya sabe que no debe ser en un lugar apresurado y con mucha gente. Juguemos a un juego... ponga las siguientes opciones en orden del peor lugar al mejor (pensando en usted y en su pareja):

- En el trayecto al trabajo
- En su casa luego del trabajo
- Volviendo a casa luego del cine
- Durante la pausa para comer en una cafetería
- En un parque en un día soleado de fin de semana
- En su casa antes de ir a la fiesta de cumpleaños de un amigo

El ejercicio se explica por sí mismo; hay que negociar diferentes factores:

- *El lugar*, que debe ser neutral y pacífico.
- *El tiempo,* que tiene que ser abierto, y no estar apretado entre otros compromisos.
- *Los gustos y necesidades personales de su pareja y de usted mismo;* si es primavera y su pareja tiene fiebre del polen, quizá el parque no sea la mejor solución...

En cualquier caso, *elija un lugar y una hora que sean buenos para los dos;* ambos tienen que estar cómodos. Y esté *dispuesto a negociar el lugar y la hora.* No haga sentir a su pareja que está bajo presión o que le ha "impuesto la reunión".

Si viven juntos, piensen en salir a dar un paseo... Hablar de los problemas en el lugar donde "viven", en lugares llenos de recuerdos de estos problemas puede traerlos de forma negativa. En cambio, salir de un lugar "cargado de problemas" ya es una experiencia liberadora.

Planee y Estructure la Charla pero no la Recargue

A algunos nos gusta improvisar, y eso está bien hasta cierto punto. Es decir, si realmente es usted una de esas personas que siempre puede mantener la mente nivelada, que siempre puede encontrar las palabras adecuadas, etc., por favor, si quiere confíe en sí mismo.

Pero para la mayoría de nosotros, este no es el caso. Especialmente cuando hay una implicación emocional, es difícil recordar todo lo que queríamos decir. Por lo tanto, necesitaremos algo de planificación. Ahora bien, tenga en cuenta que *la planificación en sí misma reduce la ansiedad y las inseguridades.*

Podemos pasar de la situación de Catherine, que pensó que lo superaría sin planearlo, se encontró con su novio en la orilla del río y se limitó a decir: "Er...", y luego calló a Matthew, que, totalmente falto de confianza, fue a la reunión con su querida Charlotte con todo un conjunto de notas. Por desgracia, a Charlotte no le gustó la idea de un "discurso tipo mitin político", como dijo ella, y todo acabó en fracaso y frustración.

La planificación debe ser general y flexible. No puede predecir todo lo que va a ocurrir, ni tampoco cómo va a reaccionar su pareja. *Mantenga su plan sea lo suficientemente sencillo como para que pueda memorizarlo fácilmente.*

Todo lo que necesita son de tres a cinco puntos clave y tal vez algunas palabras clave, pero sobre todo asegúrese de *tener claro su objetivo.*

De las palabras clave, *piense detenidamente en cómo puede describir lo que ha sentido o siente.* Recuerde que expresar correctamente cómo se siente, como decíamos en el capítulo 3, es la clave del éxito. *Siga la estructura del capítulo 3, "El lenguaje de Sanar y las Emociones".*

Permita **también que su pareja exprese sus sentimientos después de que usted lo haya hecho (o viceversa).**

Esto ya debería asegurar que *ambos se sientan en igualdad de condiciones y con poder en la charla.*

Divida la charla en tres partes:

- *Expresar el problema.*
- *Discutir la solución.*
- *Acordar los siguientes pasos.*

Así que, después de que ambos hayan expresado sus sentimientos, podéis, si les apetece, **perdonarse mutuamente.** Esto sería lo ideal. Si lo hacen, que sea con una sonrisa y un abrazo, etc. Pero esto no debería significar que todo está bien. Este debe ser un primer paso para que las cosas no se repitan.

A continuación, puede pasar al segundo paso: **negociar la solución.**

Este es un tipo de conversación totalmente diferente. Se trata de la negociación propiamente dicha. No intente imponer su solución, pero *preséntela como algo práctico, muestre sus ventajas y arguméntelas.*

Pero también debe estar preparado para *adaptarlo, cambiarlo e incorporar las sugerencias de su pareja.*

¿Y qué pasa si su pareja tiene otra solución en mente? Prepárese para esta posibilidad y *esté muy abierto a la solución de su pareja*. No se trata de "quién gana". Se trata de *elegir la mejor solución*. Y si cree que la de su pareja es mejor, que así sea.

Asegúrese de *hacer una pausa en la solución que ha elegido*; tiene que estar muy clara para ambos. Cierre con un brindis, un helado, una pequeña celebración de cualquier tipo... Eso resaltará el aspecto positivo de la relación.

Ahora puede **acordar los siguientes pasos** Esta es la fase de "implementación" de la solución. Pero yo añadiría un pequeño elemento que le contaré al final...

Intente ser *bastante específico pero relajado con este paso*. Si el problema es el mismo que el de Ari y Laura y quiere que su pareja pase más tiempo con usted, quizá deba hacer lo siguiente. Por un lado, elija un día concreto (dos, tres, etc.....) que pasarán los dos solos, juntos y divirtiéndose. Por otro lado, debe permitir que su pareja se reúna con sus amigos libremente, siempre que cumpla su parte del trato con usted.

También deben decidir *cuándo empezar* y, si se trata de una solución compleja, *dividir la solución en pasos manejables y trazar una secuencia y un calendario para ellos*. Sin embargo, esto no debe convertirse en una fuente de estrés. Debe convertirse en un proyecto placentero. Dese tiempo, tómalo con calma.

Ah, se me olvidaba... El último consejo... ***Tómese un tiempo para reforzar lazos después de la charla.*** Verá, asegurarse de que su relación es tan sólida y cariñosa como antes es esencial en esta etapa.

Aunque se consiga mucho con la "charla de relación", nunca es fácil, y habrán pasado por una dura negociación, han utilizado la lógica y la razón...

Todo esto le distrae del valor y la dimensión emocional y profunda de su relación; así que es el momento de "restablecer ese vínculo emocional entre la pareja".

¿Ensayar "La Charla sobre la Relación" es una buena idea?

Como con todas las cosas importantes, sí. Pero no lo convierta en una serie de televisión de 24 episodios

Ensaye sólo algunas partes, como la estructura o rutina de "expresión de sentimientos y emociones". Así se asegura de no equivocarse en los momentos más importantes. Ensaye quizá algunas partes y puntos clave. Busque frases o conceptos que tenga en mente que deba asegurarse de decir y ensaye sólo esos.

Pero *ensaye sólo las partes clave y sólo hasta que se sienta bastante seguro con ellas. Hay que evitar que la "entrega perfecta" acabe siendo una "entrega sin alma".* Si ensaya demasiado, acabará limitándose a "decir las palabras" sin expresar los sentimientos. Y eso sería malo para toda la charla.

¿Sabe que uno de los principales problemas de los actores y actrices de cine es que si no aciertan con la entrega en las primeras tomas, se corre el riesgo de que ni siquiera ellos logren "deliberar" las líneas?

¿Y ha intentado alguna vez repetir una palabra una y otra vez hasta que no tenga sentido? Este fenómeno es bien conocido y se llama *"saturación semántica"*. A otro nivel, esto también ocurre con las "líneas ensayadas en exceso".

Y no ensaye toda la charla; esto puede ser muy contraproducente. Para empezar, no sabe cómo va a ir. Si la ensaya y su compañero la lleva en otra dirección, le resultará más difícil adaptarse, cambiar y, al final, conseguir lo que quiere.

Es más, si lo ensaya todo, puedes acabar pensando que si no sale como ha planeado, no es un éxito. Y no saldrá exactamente como lo había planeado. Incluso si tiene éxito. Así que ensayar toda la charla (como hacen los políticos con los discursos y los actores con los guiones) acabará siendo una fuente de frustración...

Cómo Actuar Durante la Charla

Una vez que tenga una buena idea de lo que quiere obtener de la charla, de lo que va a decir (en términos generales) y de cómo se estructurará la charla, podrá "enfrentarse a la música" con mucha más confianza y un corazón más fuerte.

Pero, como en todos los "eventos en vivo", siempre hay sorpresas e imprevistos. ¿Qué puede hacer entonces? Aquí tiene algunos consejos útiles...

Sea flexible

Esté preparado para cambiar de rumbo y seguir a su compañero. Esto no significa "rendirse", sino colaborar. Mantenga su objetivo en mente, pero no sea demasiado estricto con los caminos que puede seguir para conseguirlo.

Estar tranquilo

Intente mantener la calma y el control de sí mismo, en lugar de controlar la conversación. Si se altera, tómese un tiempo. Debe concederse a usted y a su pareja cinco minutos para calmarse si es necesario, o incluso más, cada vez que sean necesarios.

Lo que nos lleva al siguiente punto...

Tome Descansos

Si usted o su pareja se cansan, se alteran, se ponen nerviosos, lloran, se confunden, etc., estén absolutamente dispuestos a hacer una pausa. Incluso si la charla se prolonga demasiado...

Hay que *centrarse en hacer las cosas bien, con calma y serenidad (en la medida de lo posible) en lugar de hacer las cosas "rápidamente".*

Y en este sentido...

Esté preparado para suspenderla

Qué palabra más oficial... Pero la cuestión es que si no puede llegar a un acuerdo, y se sientes cansado, frustrado, o en general siente que no avanzas, deje la charla y acuerden volver a verse en otro momento.

Pero otro momento no significa "algún tiempo"; decidan el momento y el lugar y háganlo lo antes posible. Dense el tiempo suficiente para "ordenar sus pensamientos y reflexionar" y luego vuelvan a reunirse.

Una larga espera puede ser frustrante e incluso inducir ansiedad. Así que "la semana que viene" es un poco tarde, y si puede hacerse en uno o dos días, hágalo.

Vaya al grano: no inicie cadenas ni "vaya por el carril de los recuerdos"

Intente centrarse en sus puntos, los que había previsto, en la medida de lo posible. Sobre todo, evite hacer largas listas de "las veces que..." o "las cosas que...". Éstas pueden tomarse como una "insistencia en algo doloroso". Pueden sentirse más como una acusación que como una charla con una solución en mente.

Al mismo tiempo, si surgen recuerdos del pasado, elija sólo los positivos para compartirlos con su pareja. Si surgen recuerdos negativos, evite "bajar al carril de los recuerdos" con ellos... tendrá el mismo efecto que antes: *su pareja se sentirá como si estuviera siendo juzgada mientras usted le lee los recuentos de las acusaciones.*

Evite posibles "ataques"

Esto es muy importante, y lo veremos con más detalle a continuación, cuando hablemos de "desescalar", una habilidad que es tan útil en todas las relaciones de todo tipo y que viene bien en tantas situaciones...

Comprenda que su pareja -por experiencias pasadas, tal vez- podría tener una idea equivocada de lo que es todo el ejercicio... Estamos "programados" para reaccionar a cualquier crítica con un "pero usted" o "¿qué la vez que usted?" etc.... Vemos estas situaciones como un "enfrentamiento" en lugar de una colaboración. Y esto puede ocurrir incluso si utiliza las palabras más simpáticas, suaves y acogedoras...

La mejor solución es ignorar cualquier "ataque". Esto puede ser difícil, y veremos cómo puede tener éxito en esto a continuación, pero por ahora, piense que si cae en esa lógica de "usted contra mí" toda la charla se va a convertir en una discusión.

Por lo tanto, *esté muy atento a cualquier signo de que la charla se convierta en una discusión.* Cuando los detecte:

- *Ignórelos*
- *Anticípese (incluso con una broma)*
- *No los devuelva*
- *Si es necesario, aléjese y tome un descanso*

Si puede, dígale a su pareja que su intención no era discutir y que no es el momento de sacar a relucir todos los pequeños desacuerdos y problemas que tienen...

Y esto nos lleva directamente al siguiente capítulo. De hecho, uno muy, muy importante sobre la desescalada de situaciones... E incluso las mejores y más románticas relaciones a veces tienen "sus momentos". Entonces, ¡más vale estar preparado!

6

CÓMO AFRONTAR LAS DISCUSIONES EN SU RELACIÓN

"...Y vivieron felices para siempre", discutiendo de vez en cuando y con alguna que otra bronca inolvidable. Seamos realistas, incluso la pareja más unida tendrá alguna que otra crisis. Por supuesto, hay excepciones, pero son muy raras. Y tenemos que estar preparados para todas las eventualidades.

De hecho, todos tenemos experiencia de primera mano con las peleas... Y aquí es donde vamos a empezar. Es un pensamiento desagradable, lo sé, pero piense en un enojo que recuerde bien. Incluso uno que haya visto en una película, si quiere mantener cierto distanciamiento.

Primero, repáselo como si fuera una historia, una narración normal. Luego, trate de identificar esto:

- La frase o acción que *detonó* la discusión.

- La *respuesta* a ese detonador.
- La escalada.
- El p*unto de inflexión*, que es cuando la discusión se convirtió realmente en "plena".
- Si puede, mire también antes de la pelea o discusión, y fíjese si una de las dos personas dio alguna señal de *"estar cerrada a los demás"*, de no querer enfrentarse a ningún reto, como la forma de caminar, hablar, mirar, sentarse etc....

Como siempre, tómese su tiempo... En realidad vivo en un armario y sólo salgo cuando me necesita...

...

Saldré del armario entonces... Respire hondo. Entiendo perfectamente el precio emocional de recordar episodios negativos... De todas formas, ¿ha identificado el *detonante, la respuesta, el aumento y el punto de inflexión?*

Apuesto a que sí, y es probable que también haya encontrado signos de cierre en alguno de los participantes.

Y si lo ha hecho, ahora sabe...

Las Etapas de una Discusión o Pelea

Hay una gran diferencia entre tener un desacuerdo y tener una discusión, o una pelea. Un desacuerdo es simplemente una cuestión de tener opiniones diferentes; en una pelea, hay un *enfrentamiento y signos de hostilidad.*

Y las disputas o discusiones tienen un patrón muy específico. Todos lo reconocemos, al menos inconscientemente. De hecho, todos sabemos cuándo una discusión está a punto de estallar entre dos personas porque reconocemos las etapas.

La etapa previa

Incluso antes de la pelea, suele haber elementos que pueden provocar el enfrentamiento. Pueden ser muchos, como una larga hostilidad o competencia entre las personas implicadas, o que una de las personas haya tenido un mal día (señalado a través de señales verbales y no verbales, como hemos dicho, señales que no son recogidas por la otra persona, la mayoría de las veces).

Ahora, imagine a una niña en la escuela, se llama Namina... Está muy enfadada y se niega a colaborar... Está mirando por la ventana, y parece enfadada. La profesora no sabe por qué Namina se comporta así. Pero está preocupada y no deja de mirarla y se acerca a ella. También se acerca a su lado del aula con bastante frecuencia, y luego intenta hablar con Namina...

Por supuesto, en vano... Namina, en lugar de colaborar, se enfada aún más.

Ahora, ¿puede ver lo que ha salido mal aquí? Mire este ejemplo y fíjese en lo que ha sucedido que ha echado a perder el esfuerzo de la profesora.

...

Mi armario está lleno de larvas, acabo de descubrirlo... ¿Ha tenido tiempo de pensar en ello? Puede que se le hayan ocurrido algunas respuestas como:

- Están en frente de otras personas, así que, este no es el lugar para hablar con Namina, ya que ella puede querer mantener su privacidad.
- ¿Quizás la profesora es la causa del malestar de Namina y ella no lo sabe?
- La profesora falló al leer el lenguaje corporal de Namina de "mantenerse alejada".
- ¿Tal vez Namina quiera que un amigo hable con ella?
- Ir a su lado repentinamente puede haber empeorado la situación.

Todas estas pueden ser buenas razones. El punto clave es *identificar las señales previas a la crisis o a la discusión en los demás*. Y, por supuesto, **si ve que se avecina una discusión, no la desencadene, ¡aléjese!**

En realidad, la única solución en esta fase es **dar tiempo a la otra persona para que resuelva sus problemas, se quede sola y se calme.**

El detonante

Esto puede ser muy pequeño. Puede ser una palabra, un gesto, incluso una simple mirada.

El problema es que el **detonante no es la verdadera causa de la discusión, sino que a menudo se convierte en el centro de la propia discusión.** *Esto significa que en las discusiones, la gente suele hablar y discutir sobre el punto equivocado...*

Todos sabemos que cuando las parejas (especialmente las jóvenes) discuten por cosas pequeñas, en realidad están discutiendo por "otra cosa". Esto ocurre tan a menudo, que "Comer con la boca cerrada", a veces puede significar "Nunca tenemos tiempo de calidad juntos...".

A corto plazo, las personas afectadas se ven atrapadas en un *tema que no dará ninguna solución real al verdadero problema.* A continuación, en los casos graves, cuando hay una larga historia de desacuerdos y problemas, esto puede convertirse en un puro "ejercicio de hostilidad". En esta etapa, el tema es totalmente irrelevante... Es una etapa patológica. Pero es mucho más común de lo que podríamos imaginar.

A largo plazo, la pareja suele utilizar este "cambio de enfoque en el desencadenante" para evitar enfrentarse al verdadero problema, que suele ser más doloroso, más difícil de abordar y resolver...

Ahora, guarde esta información durante unos minutos. La necesitará cuando hablemos de las soluciones.

La respuesta al detonante

Si el detonante pasa desapercibido, la discusión no se inicia (y esto es una pista...) Pero si se capta con hostilidad, entonces la discusión está en ciernes. En este caso, el desencadenante se ve como uno o todos estos:

- Un desafío (personal)
- Un acto de hostilidad
- Desigualdad
- Una señal de que la otra persona quiere discutir
- Un desafío a la propia posición

La respuesta, entonces, será de *confrontación, más que de reconciliación.*

También existen algunas cualidades típicas de esta respuesta, como que es rápida, es negativa, no es reflexiva, suele incluir gritos, etc.

Pero mientras se puede ver que con un análisis adecuado de la dinámica de los argumentos (como este) ya se pueden ver posibles caminos hacia una solución, le pediré que espere unos minutos... Llegaremos a ello pronto.

La escalada

Después del detonante suele ser difícil calmar las cosas. La oposición de las dos partes se hace cada vez más grande, más fuerte... las palabras son cada vez más fuertes y *cuanto más se prolonga el intercambio, más se distancian las personas implicadas.*

Esta es una fase llamada aumento. ¿Se acuerda de Namina? No le he contado lo que pasó después de que la profesora le preguntara:

"¿Qué le pasa, Namina?" (Pregunta incorrecta - ¡detonante!)

"Nada, señorita", responde Namina con un gruñido y mirando hacia otro lado.

"No puede ser nada", responde la profesora.

"No he dicho nada", insiste Namina.

"Está enfadada, Namina, ¿por qué?", dice la profesora, con la voz más alta.

"¿Por qué me molesta?". La voz de Namina también se hace más fuerte.

"¡Cómo se atreves a hablarme así!", grita la profesora.

Namina sale furiosa de la clase.

El aumento se caracteriza por lo siguiente:

- Ninguno de los participantes se rinde.
- Intensidad que incrementa.
- Aumento del volumen.
- Palabras más y más fuertes.
- A veces, incluso gestos agresivos.

El aumento empuja a uno de los participantes a pasar a la acción; en algunos casos, se trata de gritar tan fuerte que el otro se calla. En otros casos, puede llegar a ser física. Namina, una niña, tiene la mejor reacción que podría tener: sale furiosa, sí, rompiendo las reglas de la escuela, pero realmente detiene la discusión de la única manera que puede. Choca esos cinco, Namina. ¡Eres más sabia que la profesora! Y ya veremos por qué en la parte de la solución de este capítulo.

El punto de inflexión

El aumento fuerza un punto de inflexión: *como ninguno de los participantes está dispuesto a ceder, uno de ellos tiene que tomar medidas drásticas para poner fin a la discusión.* Este es también el punto más peligroso de una discusión. Suele ser en esta fase cuando, si una persona tiene tendencias agresivas, las cosas se vuelven físicas.

Incluso en las discusiones entre matones la dinámica es la misma y hay poca expectativa de violencia hasta el punto de inflexión. Al observarlas (incluso cómo se representan sus discusiones de forma realista en las películas) se pueden ver todas las etapas que conducen a lo que suele ser una reacción física.

Luego, por supuesto, en las películas hay amigos que los separan o las cosas se vuelven realmente desagradables.

Pero el final violento de las discusiones es relativamente raro. En la mayoría de los casos, hay *una ruptura total de la comunicación,* acompañada de palabras fuertes y enfadadas y una ruptura de algún tipo. No me refiero a la ruptura de una relación, no necesariamente, aunque hay relaciones que se rompen tras las discusiones, ¡bastantes! En caso de que uno de los miembros de la pareja tenga la cabeza fría que tiene Namina, la ruptura puede consistir simplemente en que uno de los miembros se aleje.

Ahora ya sabe cómo se sintió la profesora... Sintió que el alejamiento de Namina es un desafío a su papel y autoridad, incluso un insulto... Y cuando la relación es personal y aún más íntima, el alejamiento puede ser aún más duro, a menudo seguido de lágrimas, etc.

Pero hay gente que tiene esta estrategia de existencia, como Namina. Son personas que, por la razón que sea (puede ser una razón muy personal, como, en algunos casos, los niños que a menudo presencian las discusiones de sus padres) no pueden soportar una discusión. Su reacción visceral es alejarse.

Si su pareja es una de estas personas, *respete su "estrategia".* En realidad es una buena y sabia estrategia. Pero lo fundamental es que *no se lo tome como un insulto personal, un desafío o una falta de respeto. Tampoco debe pensar necesariamente que su pareja no quiere afrontar el problema que tiene. Puede ser simplemente que su pareja no quiera afrontar el problema durante una discusión.*

Si nota esta actitud en su pareja, intente discutir el problema real (no el desencadenante) con serenidad, un poco como dijimos en el capítulo "charla sobre la relación". Si nota que su pareja está más dispuesta a hablar en ese momento, entonces ha encontrado la solución.

Y hablando de soluciones...

Cómo Evitar una Discusión Fuerte

Ya hemos visto algunas soluciones, y son bastantes las que vamos a ver ahora. Sin embargo, antes tenemos que ver algunos puntos generales.

Hay que *entender las etapas de los argumentos para aplicar la solución correcta.* Y usted acaba de verlas todas... así que, estamos en un buen punto.

En cada etapa, tiene una salida. Así que no se preocupe si la discusión se ha desencadenado, todavía tiene una forma de salir de ella, ¡quizás incluso con una sonrisa!

Su objetivo es evitar el punto de inflexión a toda costa. Verá, si mira una mala discusión desde su "clímax", desde su punto final, se da cuenta de que todo lo que pasa antes, aunque sea malo, es mucho menos doloroso. Así que, siempre que empiece una discusión, entienda que va a ser más y más dolorosa cuanto más tiempo pase, así que, como consecuencia...

...Intente detener la discusión en la fase más temprana posible. Deje a un lado su ego y sus objetivos inmediatos (que pueden ser "desahogarte" o "desahogar tu ira" o "esta vez no le voy a dejar escapar"). En su lugar, *céntrese en su objetivo a largo plazo, que es tener una relación feliz con la menor tensión posible y resolver los problemas...*

Si discute a menudo, se dará cuenta de que al principio conseguirá detener el vuelco justo antes de que se produzca o "suavizarlo" mientras aún se produce. Después, al cabo de un tiempo, suele detener las discusiones en fases cada vez más tempranas. Los hábitos, incluso los de las discusiones, son difíciles de romper y los progresos suelen ser graduales... Pero siga en ello y, mientras tanto, céntrese en lo más relajada y feliz que se está volviendo su relación.

Evitar la Discusión

Ya hemos hablado de ello. La mejor salida y la más temprana es entender cuando su pareja está *"cerrada"* y evitar regañarla o burlarse de ella. Lo mejor que debería haber hecho la profesora es lo que pedía Namina con su lenguaje corporal y su actitud: dejarla en paz. Le sorprenderá lo común que es la historia de Namina en las aulas... Y cómo algunos profesores siguen sin entender el punto clave de la estrategia: si un alumno se enfada, puede que no sea por usted, y no se lo tome como algo personal. Deje al alumno en paz y, si no lo hace, puede que se trate de usted...

Lo mismo ocurre a menudo con las parejas. ¿Cuántas veces han discutido las parejas porque uno de ellos estaba cansado y el otro no lo entendía? Llega a casa del trabajo y está hecho polvo. Ese no es el momento de que le lancen un gatillazo como: "¡Una vez más has olvidado sacar la basura!".

Entiende cómo se siente cuando le pasan estas cosas, ¿verdad? Piensa: "Estoy agotado, ¿no puede verlo?". Luego, cuando las cosas suceden una y otra vez, se cuela algún que otro pensamiento como: "Lo ha vuelto a hacer", o incluso: "Ahora lo está haciendo a propósito", y empeora aún más las cosas.

Por otra parte, podemos incluso tomarnos las cosas como algo personal, con pensamientos del tipo: "Si no ha visto lo agotada que estoy, significa que ni siquiera me ha mirado". Y este es un pensamiento bastante triste, en realidad. Pero tal vez no haya sido capaz de leer sus señales no verbales, como que se desplome en el sofá... Tal vez también esté cansado y le vea en el sofá mientras cocina...

Ahora bien, no estoy tomando partido (y esto es lo más sensato cuando ve que la gente discute...), sino que estoy tratando de hacerle pensar desde la perspectiva de su pareja. Seguro que ha estado en los dos papeles, ¿no?

Por lo tanto, el primer truco es *entender cuándo su pareja está "cerrada" y que en esta etapa, incluso cosas que pueden tener una intención muy inocente pueden ser vistas como "detonadores".*

Restar Tensión al Detonante

"¿Pero qué pasa si mi pareja se exalta cuando no era mi intención?" es su muy buena pregunta. La respuesta es sencilla. No siga su respuesta. En su lugar, *retroceda y explique que no era esa su intención.*

Imagine que una discusión es como dos barcos que chocan entre sí... Usted dispara (involuntariamente) y ese es el primer golpe, luego su pareja responde, si parte de su respuesta y sigue en esa dirección, le espera un viaje movido. Si da un paso atrás, le espera una navegación tranquila.

¿Ejemplo?

Tom: "Oye, Mary, aún no has publicado la carta".

Mary: "He estado trabajando todo el día, ¿qué has estado haciendo tú?"

Tom: "He estado buscando trabajo, ¿por qué me haces sentir culpable por ello?"

...Viaje agitado durante los siguientes 30 minutos.

Verá, Tom se alteró y luego respondió a la respuesta de Mary "¿qué has estado haciendo?" Pero esa pregunta realmente no quería una respuesta, ¿verdad? La verdadera función era desahogar la frustración de Mary...

Volvamos hacia atrás entonces:

Tom: "Oye Mary, aún no has publicado la carta".

Mary: "He estado trabajando todo el día, ¿qué has estado haciendo?"

Tom: "No, Mary, no quería acusarte. Sólo me di cuenta y te preguntaba si querías que la publicara..."

Mary: "Perdona que te haya entendido mal, gracias, si puedes..."

...Navegación tranquila y cena a la luz de las velas en 30 minutos entonces...

El único problema de este ejemplo es que la gente ya no utiliza el correo en papel, pero seguro que puedes ver que si detecta las cosas en esta fase temprana, puede convertir literalmente una situación potencialmente dolorosa en una experiencia agradable.

Pero, ¿qué ocurre cuando el detonante llega a usted? ¿Qué ocurre si realmente es intencionado? Lo mejor es *desviar el detonante.* Hay tres maneras de hacerlo:

1. *Ignore el detonante,* alejarse fingiendo no haberlo oído está bastante bien, pero si lo hace repetidamente puede poner nervioso/a a su pareja, dependiendo de su personalidad y de si tiene algún problema con usted.
2. *Tómeselo a broma,* esto puede ser arriesgado. Si es involuntario, normalmente las cosas se solucionan de inmediato, pero si no lo es su pareja puede tomarlo como un desafío, como "¡ni siquiera me toma en serio!". También depende de la importancia del tema...

3. *Explique sus sentimientos,* que es la respuesta más difícil pero la mejor y más segura. Algo parecido a lo que ya hemos aprendido, como: "Entiendo que estés molesto, pero por favor, comprende que yo también estoy muy cansado ahora", y luego añada una sugerencia o un "punto de acción", como les gusta llamar a los empresarios: "¿Hablamos de ello después de la cena, cuando estemos más relajados?".

Esto suele dar a la otra parte la oportunidad de pensar en el *problema real* (no en el detonante, ¿recuerda?) y puede convertir lo que sería una pelea inútil y desagradable en una oportunidad para hablar de algo de forma constructiva.

Sin embargo, si dice: "hablemos de ello más tarde", entonces hágalo... No lo utilice como un "truco para salir", aunque la tentación sea grande...

En conclusión, *si tiene que responder a un detonante, desactívelo, si da un detonante por error, explique que no era su intención.* Esto servirá en la mayoría de los casos.

Intente, si puede, y sobre todo a medida que vaya adquiriendo experiencia en la gestión de estas situaciones, detener la discusión en esta fase. De hecho, en esta etapa las discusiones son principalmente una cuestión de "ponerse nervioso", lo cual es desagradable pero manejable. Sin embargo, es en la siguiente etapa cuando las cosas empiezan a volverse personales...

Desescalar una Discusión

El aumento es la parte más larga de la discusión, y es la que precede al punto de inflexión. Así que, en cierto modo, es muy desagradable y, como acabamos de decir, las cosas empiezan a ser dolorosas y personales durante la escalada. Por otro lado, el detonante y la primera respuesta suelen ser cuestión de segundos (¡incluso menos de un segundo!) ¿Y si le pillan desprevenido, o simplemente no ha podido desactivar el desencadenamiento?

Entonces, la buena noticia es que la siguiente fase es más larga, y esto le da más tiempo para intentar cambiarlo. Y la forma de cambiarlo es *desescalando.*

En primer lugar, debes entender que para **desescalar una discusión debe evitar quedar atrapado en todos sus recovecos.** ¿A qué nos referimos? Tenemos la tendencia a responder a todos los puntos, a todas las preguntas, a todos los desafíos. Es como estar en Twitter. Y eso es inútil, agotador y malo para la relación. Nos sentimos como si estuviéramos en un partido de fútbol o de baloncesto y tuviéramos que anotar el mayor número de puntos posible.

La realidad es que este mismo hecho nos aleja del *verdadero objetivo que es evitar una discusión (o enfrentamiento) inútil, evitar el dolor y el daño y proteger tu relación.* ¿A quién le importa si realmente fue usted quien olvidó las llaves hace 3 años cuando se quedó fuera? ¿Y si lo fue? ¿Y si fue tu pareja? ¿Qué cambiaría? Lo único que cambia es que *al sacar temas desagradables y conflictivos tensa su relación, y sufre.*

Por tanto, mantenga la vista en "el gran premio" y no en todas las migajas que lo llevan al punto de inflexión. Teniendo esto en cuenta, esto es lo que tiene que hacer.

Escuche a su pareja

Tendemos a interrumpirnos mutuamente en las discusiones y un signo claro de escalada son las interrupciones cada vez más frecuentes y rápidas. Esto en sí mismo se convierte en algo molesto y en una causa de frustración, etc....

Por lo tanto, escuche hasta que su pareja haya terminado y ya habrá reducido *la tensión de la discusión*.

Esté de acuerdo cuando sea posible

Como hemos sido provocados, ya comenzamos cada intercambio con la actitud de "no, usted está equivocado y yo tengo razón". Pues bien, esa es una receta para el desastre. En su lugar, intente exactamente lo contrario. Sé que es difícil y que nuestros egos se interponen en estas cosas, pero intenta utilizar frases como éstas lo más lejos y a menudo posible:

"Estoy de acuerdo..."

"Puedo ver su punto de vista".

"No lo había visto desde esa perspectiva".

Incluso

"No estoy seguro, pero lo pensaré".

Si le apetece hacerlo sólo para desviar la discusión, adelante...

Deje que su pareja se calme

Tómese su tiempo antes de responder. ¿Quién ha dicho que hay que contestar enseguida?

Por otra parte, en algunos puntos puede dar a su compañero la oportunidad de "divagar un poco". Verá, saltar de un punto a otro es muy estresante y tenso. En cambio, elaborar un punto es más relajante.

Tenga cuidado con el punto que elija; elija uno que no sea demasiado sensible, que no sea muy conflictivo y que, literalmente, desvíe a su pareja diciendo: "¿Puede explicar esto un poco más?". De este modo, le dará a su pareja la oportunidad de "respirar"...

Las mejores oportunidades son cuando él/ella introduce en la discusión a una tercera persona (¡no presente, por supuesto!) como "Cuando vi a Charlie todavía estaba caminando de vuelta a pie y su coche estaba roto y usted me dijo..." Deténgalo ahí (no verbalmente, simplemente ignore el "y usted me dijo y..." y todo lo que venga después) y diga: "Cuénteme más sobre el accidente de Charlie esa noche".

Así demuestra interés, se desvía de la otra persona y también le da a su pareja la oportunidad de calmarse, en un tema menos emocional.

¡Exprese sus sentimientos!

Ya ha visto el poder de expresar los sentimientos... Ahora bien, es difícil hacerlo durante una discusión, pero si lo hace... Es la táctica más desarmante que puede tener.

Las discusiones se basan en el plano de "tener razón o no"... Se estructuran en torno a puntos racionales, no emocionales. Las peleas no empiezan con frases como: "Cuando dijo que era estúpido me sentí realmente herido por dentro..." (énfasis en el sentimiento) sino, "¡Incluso me dijo que soy estúpido!" (lo que significa: "¡Admita que se equivoca, que no soy estúpido!").

Por lo tanto, si puede, exponga cómo se siente con respecto a la discusión. Hágalo sin gritar y trate de ser lo más tranquilo pero sincero posible. *Tampoco exprese sus sentimientos como una acusación.* Evite decir "usted". Utilice frases como:

"A estas alturas la conversación se está volviendo dolorosa para mí".

"Son cosas que me están molestando mucho".

"No estoy preparado para hablar de cosas dolorosas en esta situación"

Incluso dar advertencias como:

"No estoy seguro de que si seguimos así pueda soportarlo mucho más tiempo".

Pero evite a toda costa frases como:

"¡Ahora me hace daño!" Eso es una acusación.

"Lo que dice es muy doloroso".

Lleva tiempo desescalar una discusión. Puede que acaben hablando un rato, pero sigue calmando la situación en lugar de "encenderla".

En la mayoría de los casos, *después de unos minutos de desescalada notará que su pareja ha empezado a colaborar con ella.* Por increíble que parezca, sólo tiene que "mantener el fuerte" (de la paz, por supuesto) durante unos minutos y su compañero volverá a entrar en razón.

En ese momento, él/ella se dará cuenta de que lo que estaba a punto de suceder era demasiado doloroso y empezará a hablar sobre temas más tranquilos, salidas... ¡la primera broma es siempre la mejor señal de que la discusión ha terminado por fin!

Aléjese

Sí, Namina tenía razón. Si todo falla, aléjese. Cuando no tiene otra opción, la distancia física puede ser la única. Si su relación es bastante "conflictiva", puede que esto sea lo único que pueda hacer al principio. Más adelante, podrá desescalar o incluso desactivar el detonante. No se avergüence si esto es todo lo que puede hacer.

Choca esos cinco para usted también; siempre es prudente evitar el punto de inflexión. De hecho, puede enviar a su pareja el mensaje de que ha ido demasiado lejos. Alejarse es una clara señal de establecimiento de límites. Y en las relaciones a veces los límites son necesarios

Pero si puede, ***intente alejarse con calma***. Explique por qué, con frases como:

"Lo siento, esto se está volviendo demasiado, necesito tomar un descanso".

"Realmente no puedo manejar esto más, necesito un poco de aire fresco".

Si puede, *aléjese al menos por 20 minutos*. Ese es el tiempo que tarda la gente en calmarse... Si se acerca a él o ella antes, puede reavivar la discusión.

Por último, *sigua con una charla amistosa*. Y hay algo que no debe olvidar en esto: dígale a su pareja que su alejamiento no fue personal sino por la tensión de la situación. Este es su mensaje. La conversación sobre la "resolución de problemas" puede (y quizá deba) tener lugar más adelante. Se trata principalmente de explicar su reacción.

Avanzar a playas más soleadas

Este ha sido un capítulo duro, pido disculpas. Comprendo que son temas dolorosos, pero tenía que hablar de ello en su totalidad, espero que me entienda... Pero ahora todos podemos respirar aliviados y lo que me hace feliz es que ahora puede resolver incluso situaciones bastante problemáticas. Debe estar bastante aliviado, ya que -ya sabe- ahora puede evitar la mayoría de las discusiones, lo que le quita muchas inseguridades y ansiedad.

Pero antes de seguir adelante, dos pequeños consejos...

En cualquier seguimiento de la discusión (esperemos que se pierda) no tenga miedo de decir "lo siento". Esta hermosa palabra puede, literalmente, desarmar a cualquiera y desactivar cualquier situación pegajosa. También es muy catártica, muy liberadora...

Después de cualquier discusión (esperemos que no se genere), ten un poco de unión, un tiempo de calidad juntos... Como después de cualquier problema que tengan, las relaciones necesitan un alimento constante...

Pero ahora pasemos a las nuevas playas... ¡Y puede que algunas sean muy nuevas para usted! ¿A qué me refiero? Bueno, tendrá que leer el siguiente capítulo para averiguarlo...

7

MODELAR SU RELACIÓN

Permítanme presentarles a unos amigos míos. Se llaman Lisa y Geoff. Llevan mucho tiempo juntos. No están casados, pero viven juntos desde hace tiempo. Y sí, viven en un piso en las afueras. Desgraciadamente, según dicen, tienen dos coches, porque él trabaja como oficinista en un lado de la ciudad y ella como profesora en el otro.

Así que, como es de esperar, tienen una vida profesional muy ocupada, pero pasan los fines de semana juntos. ¿Sus planes? Bueno, el principal para este año es tener unas "vacaciones en condiciones"... ¿Decepcionado? ¿Esperaba el golpeteo de los pies pequeños? Er... quizás en el futuro; no está apagado, pero ya sabe... es una gran elección.

Pero, ¿he mencionado que también tengo amigos a unos kilómetros de distancia en el campo? Viven en una colina y allí han montado su granja ecológica. Llevan varios años haciéndolo. Al principio fue duro, y lo sigue siendo. Pero ahora están viendo el fruto de su trabajo. Para empezar, lo que antes era una tierra estéril es ahora un bosque.

Por supuesto, viven y trabajan juntos, y tienen una relación. ¿Sus nombres? Ah, lo siento, me estaba olvidando, Paul, Miles y Frank...

¿Puede ayudarme ahora? Necesito saber qué tipo de retos tienen los dos "grupos", cómo pueden ser sus relaciones, cuáles son las diferencias, etc... Ya que está, puede incluso pensar cuál le gustaría más... No hace falta que me lo diga, sólo para usted... Estaré en el balcón si me necesita.

...

Había un poco de viento fuera. ¿Ahora ha comparado las dos relaciones? Claro, puede ver que una se está convirtiendo en lo que podríamos llamar una *relación tradicional*. Es heterosexual, es una pareja, viven juntos, tienen una vida "normal" y planes "normales". Por "normal" entendemos "común". En psicología y sociología la normalidad tiene un significado diferente al que la gente suele pretender. Sí, les estoy tomando el pelo y sí, es un tema de este capítulo.

Viendo a mis amigos del campo, no le habrá pasado desapercibido que son tres en la relación, y eso es bastante inusual (no tanto, la verdad). Habrá notado que es una relación homosexual y eso no es "canónico".

Recordemos que se trata de un "experimento mental". Creo que estaremos de acuerdo en que, por lo que hemos visto, Lisa y Geoff ya se enfrentan a las presiones del trabajo, la vida social y la vida urbana.

Por otro lado, Tom, Miles y Frank pueden enfrentarse a un poco de prejuicios. No son el tipo de relación que los lugareños están acostumbrados a ver en la iglesia los domingos. Y, por supuesto, vivir y trabajar juntos tiene sus desventajas.

Pero, ¿ha considerado también que tener una *relación poliamorosa* significa también tener posibles problemas e incluso pocos modelos y ejemplos pasados en los que basarse? En realidad es bastante difícil...

Entonces, ¿qué podemos aprender de este experimento mental?

- *Hay muchos modelos de relación, algunos comunes y otros no.*
- *Cada uno tiene su dinámica interna, pero también sus retos.*

Y esto es realmente de lo que trata este capítulo. Hemos visto cómo las relaciones cambian con el tiempo; ahora veremos modelos **arquetípicos que puede utilizar para dar forma a su relación.**

Dicho esto, se puede ser creativo, mezclar modelos, tomar un poco de uno y otro... No es necesario seguir exactamente cada modelo; las relaciones no son muebles planos con instrucciones que hay que seguir al detalle...

Relaciones y "Normalidad"

Hoy va a conocer a muchos de mis amigos. Martha y Stewart son una pareja del Medio Oeste. Él trabaja en un banco y ella se queda en casa, cuidando a los niños y haciendo obras de caridad. No están casados pero son muy felices juntos. Pero me he equivocado... ¡Eran una pareja del Medio Oeste en los años 50!

Lo que ahora parece "normal" era totalmente inaceptable hace algún tiempo. Depende mucho del lugar en el que se viva, pero si tomamos como ejemplo una ciudad media de provincias de EE.UU., incluso una pareja interracial habría sido "tabú" hace apenas unas décadas (supongo que todavía lo es en algunos lugares)...

¿Qué nos dice esto? Que *"la normalidad tal y como la entendemos es una construcción cultural"*. No existe; de hecho, cambia constantemente. Depende de las *tradiciones y los valores de una comunidad.* De hecho, lo que es normal en algunos países del norte de Europa y ha sido normal allí durante décadas suena "escandaloso" o "futurista" (según el enfoque) para la mayoría de la gente de Estados Unidos hoy en día.

Por eso, a los psicólogos y sociólogos no les gusta utilizar la palabra "normal". En realidad, normal significa "adherirse a una norma", que es una regla, una ley. Y la única "norma" que importa a los psicólogos y sociólogos es que la gente sea feliz y que no haga ningún daño a otras personas con su comportamiento.

Así, tres o incluso veinte personas que viven una relación, son felices con ella y no molestan a nadie más son perfectamente "normales" desde un punto de vista psicológico o sociológico. Y aquí utilizamos la palabra "normal" como "aceptable".

Ninguna relación es igual. Pero este "mito de la normalidad" tiende a hacerlas todas iguales. Pone límites que muchas veces son una barrera para la propia felicidad de la pareja. En el mundo occidental y también en algunas sociedades asiáticas se está volviendo más "permisivo". Con esto queremos decir que es más "aceptante de las opciones personales de las personas".

Por lo tanto, cosas que eran normales y esperadas hace poco tiempo ya no lo son. Por ejemplo, se esperaba que una pareja casada tuviera hijos en los primeros años de su matrimonio. Ahora, como los hijos "cuestan" y porque la sociedad en general se ha vuelto menos estricta, esto ya no se espera.

Pero también es cierto que algunas normas eran (son) válidas para algunas personas y no para otras. Mencionamos el poliamor... Sin embargo, no es nada nuevo... No si fuera un rey europeo... Como pobre habría sido ahorcado o quemado en la hoguera o lo que fuera si tuviera una aventura. Por otro lado, se esperaba que los reyes tuvieran "concubinas" y éstas vivían realmente con el rey y la reina, iban a sus fiestas y se les pagaba literalmente por sus servicios con la bolsa real.

Así que, como ve, esta "normalidad" siempre ha tenido diferencias... Sin embargo, mientras consideramos a la aristocracia europea (gente noble como duques, condes y barones) como "tradicional y conservadora", ellos también han tenido siempre una actitud muy abierta y relajada hacia las relaciones extramatrimoniales e incluso la homosexualidad. Pero sólo entre su clase. Aparentemente, los pobres "no podían manejar esas cosas" y tenían que ser disuadidos e incluso condenados por ello...

Veremos que todos los "modelos" de este capítulo no son en absoluto nuevos. No debemos considerar que el mundo moderno es "el más liberal" en lo que respecta a las relaciones. No es necesariamente así.

Por ejemplo, se esperaba que un hombre de la Antigua Grecia tuviera una esposa y un amante masculino. Se esperaba a la edad de 9 años - el amante masculino, quiero decir.

Por otro lado, en la "cuna de la democracia", Atenas, en la antigua Grecia, sólo el 25% de las personas eran consideradas realmente "humanos" o "personas", ya que el otro 75% estaba formado por mujeres y esclavos, ambos considerados y tratados como animales y propiedad...

Lo que digo es que las cosas no son "lineales" en la historia y el "progreso" no es unidireccional. Por el contrario, son multifacéticas y complejas. Pero también podemos encontrar ejemplos de "modelos modernos de relación" en la antigüedad...

Si tomamos como ejemplo los Estados Unidos, las estadísticas muestran que el 64% de las personas son realmente felices con sus relaciones. El dato preocupante es el 19% de las personas que no están contentas de alguna manera con ella, según una encuesta de eHarmony. Esto es bastante, de hecho.

Pero también hay buenas noticias. En un estudio realizado por Perelli-Harris, Hoherz, Lappegård y Evans, los resultados muestran que las personas casadas en el Reino Unido, Australia, Alemania y Noruega son, en general, más felices que las que no tienen una relación estable. Se basa principalmente en personas de mediana edad, pero muestra que las relaciones en general tienen un efecto positivo ('Mind the "Happiness" Gap: The Relationship Between Cohabitation, Marriage and Subjective Well-being in the United Kingdom, Australia, Germany, and Norway' publicado en *Demography*, agosto de 2019).

Estar Cómodo con su Relación

Pero nos hemos saltado el punto más importante: *para ser feliz en una relación hay que estar cómodo con ella.* Esa pequeña palabra, "cómodo", es la clave de todo. Es la base de todas las relaciones. Ambos miembros de la pareja (o más) tienen que sentirse cómodos.

Una de las razones por las que muchas relaciones se rompen es el adulterio. Ahora bien, si la pareja se siente cómoda con que uno (o ambos) tenga una relación externa, un "amante", entonces todo está bien. El problema surge cuando uno de ellos no se siente cómodo con ello. Incluso aquí, los hábitos son diferentes según la clase social en Occidente. Los empresarios ricos viven en un entorno social en el que tener "amantes" es normal. Es bastante común que ambos miembros de la pareja tengan relaciones extramatrimoniales y que lo digan abiertamente. Sin embargo, es mucho menos aceptado en las parejas de clase media y baja.

Por lo tanto, *no es el sociólogo o el psicólogo quien debe decirle con qué debe sentirse cómodo. Son el psicólogo y el sociólogo quienes deben ayudarle a alcanzar ese nivel de comodidad que hará que su relación tenga éxito.*

Esto es muy importante porque tenemos que entender su papel y el mío en este capítulo.

Le ofreceré una amplia gama de modelos, para que los considere, juegue con ellos, los ajuste, etc. Pero la elección debe ser suya. No puedo decirle cuál es el mejor modelo de relación para usted. Y utilice esta palabra como luz de guía: "cómodo".

No hace falta que me lo diga. Ya sabe que soy como el duende que tiene encerrado en un cajón... Silencioso y discreto. Pero luego mi trabajo es ayudarle a hacer esos cambios en su relación para que tenga un modelo con el que se sienta cómodo.

Y sentirse cómodo con la estructura y la dinámica de su relación es la mejor manera de evitar la ansiedad y las inseguridades.

Modelar o Moldear su Relación: Conceptos Clave

Incluso antes de ver algunos modelos y sus problemas (y ventajas, ¿por qué no?) tenemos que ver algunos principios.

Modélela consensuadamente

No puede añadir o cambiar aspectos de su relación sin el consentimiento de su(s) pareja(s). Por eso muchas relaciones extramatrimoniales suponen el fin de la relación... Se llevan a cabo a espaldas de la pareja...

Pero incluso con los pequeños cambios, debe asegurarse de que su pareja está conforme con ellos. Si quiere, por ejemplo, una relación más "amistosa" (espere y verá), debe asegurarse de que ambos están cómodos con ella.

Trabajen juntos

La colaboración es la clave de todas las relaciones y se deriva del consentimiento. Lo importante es que cualquier cambio que quiera introducir en su relación se aborde como una tarea de colaboración. Tómelo como un "proyecto compartido". Sólo esto reforzará los lazos de su relación.

Pause y reflexione

No se apresure para descubrir que "no era como esperaba"... Tómese las cosas con calma y haga pausas regulares para reflexionar (¡juntos!) sobre cómo están funcionando realmente las cosas para ambos.

Esté preparado para dar un paso atrás y cambiar de plan

Si las cosas no funcionan, bien. No sienta que "tiene que terminar lo que ha empezado". Debería estar preparado para volver a como eran las cosas antes. Tal vez pueda intentarlo en otra ocasión, más adelante. Tal vez haya sido una mala idea. No importa. Su objetivo principal es estar -¿recuerda? - sentirse *cómodo* con los cambios.

Modelos Arquetípicos de Relación

Lo que sigue no es una serie de reglas o estructuras rígidas. Al contrario. Al igual que ser "madre", "profesor" o "amigo" es una idea general con algunas cualidades clave, pero que permite una amplia gama de matices y realización en la práctica, lo mismo ocurre con un arquetipo.

Los arquetipos son conceptos antropológicos clave. Por ejemplo, tenemos la idea de tiranía o democracia en política, pero luego hay muchos tipos diferentes de tiranías y democracias. Por lo tanto, lea lo que sigue como "tipos generales", que es exactamente lo que significa arquetipo.

Algunas son comunes hoy en día y otras no tanto.

El Matrimonio

El "molde" más extendido para las relaciones es el de "pareja casada". Hasta hace poco, y todavía en muchos países, esto significa principalmente una "pareja casada heterosexual". Sin embargo, este mismo arquetipo está cambiando en países muy liberales como Suecia y Dinamarca.

También es cierto que con la introducción de las bodas o uniones civiles LGBT en muchos países, las parejas LGBT han adoptado los valores y la dinámica de la "pareja casada". En muchos casos, el estilo de vida de una pareja gay casada es prácticamente el mismo que el de una pareja heterosexual casada. Y esto es lo que importa desde el punto de vista de las relaciones.

Este modelo tiene grandes ventajas:

- Estabilidad con el tiempo
- Protección jurídica
- Protección financiera
- Reconocimiento fácil y aceptación por parte de la sociedad y la comunidad
- Elección religiosa (especialmente si es heterosexual)
- Fuerte protección legal para los niños

Por otro lado, también es bastante exigente. De hecho, requiere:

- Compromiso a largo plazo
- Normalmente (¡se pueden encontrar excepciones!) un estilo de vida fiel y monógamo
- Relación intensa
- Falta de libertad en caso de que quiera cambiar: un divorcio

tiene grandes consecuencias legales y prácticas y lleva tiempo. En algunos países y culturas ni siquiera se acepta el divorcio.

Esto te da una idea clara de que cuando quiere moldear su relación según el modelo de "pareja casada", hay que hacer grandes consideraciones. Pero también es un buen punto de partida para mostrarle que este modelado de las relaciones necesita parejas consensuadas, colaboración y algo de reflexión profunda.

Y esto es así incluso si no quiere institucionalizar su elección.

Relaciones de la Misma o de Distintas Culturas

Son dos modelos, uno opuesto al otro, y los veremos juntos. Tener una pareja de tu misma cultura suele ser más fácil y esta es la razón por la que la mayoría de la gente elige esta vía. Además, la sociedad lo pone muy fácil.

Por otro lado, compartir la vida con alguien de una cultura diferente puede ser fascinante y una experiencia maravillosa. En los casos en los que la integración es satisfactoria, se acaban mezclando las dos culturas. Sin embargo, la diferencia cultural suele permanecer en cierta medida y puede causar fricciones a lo largo de la relación.

Una cuestión clave es la lengua. Normalmente, la gente elige como lengua principal la del lugar donde vive. Pero luego está el reto de qué lengua(s) hablar con los niños, cuándo y por qué.

Es bastante habitual que el miembro de la pareja que no vive en su cultura quiera preservar su cultura con el hijo o los hijos. Esto significará comunicarse en un idioma que los demás no entienden. Esto también puede provocar situaciones conflictivas con la pareja.

La Relación de Amistad

Llevo mucho tiempo esperando para hablar con usted de esto. En la mayoría de las relaciones románticas hay también un *fuerte elemento de amistad.* Hemos visto cómo, cuando esto es así, a las ex parejas les resulta a menudo (no siempre) más fácil mantener buenas relaciones tras la ruptura.

Las personas que se vinculan sentimentalmente después de haber sido amigos durante mucho tiempo suelen conservar este elemento amistoso. Y esto puede continuar e incluso crecer durante toda la relación.

Esto tiene algunos rasgos maravillosos:

- Actividades compartidas
- Opiniones compartidas
- Un sentido de complicidad
- Diversión
- Apoyo mutuo
- Adaptabilidad y flexibilidad dentro y con la relación

Sin embargo, no todo el mundo encuentra la distinción "amistad/intimidad" fácil de manejar. Algunas personas, por razones culturales, no ven a los amigos como personas con las que tener una relación íntima. Los hombres machistas que ven la amistad principalmente como un vínculo del tipo "negación absoluta de la propia sexualidad", en el que jugar a los dardos o hablar de fútbol se basa en el entendimiento mutuo de que no puede haber ni siquiera un pensamiento sexual entre ellos... Bueno, ya se hace una idea... A las personas con esta idea cultural de la amistad les resultará difícil ser amigos de su pareja sexual.

Y esto significa que si la relación se orienta hacia la amistad, estas personas pueden encontrar "raro" e "incómodo" tener momentos de intimidad. "Como tener sexo con mi mejor amigo", es el tipo de frase habitual que utilizarán para describir cómo se sienten.

Por el contrario, hay personas que son bastante fluidas con las dimensiones sexual/amistosa. Si ese es su tipo de persona y su pareja es similar, entonces le resultará fácil introducir más amistad en su relación

Si decide añadir un "elemento de amistad" a su relación, hágalo "jugando". Así es como se desarrollan naturalmente las amistades: a través de actividades compartidas con un elemento de unión. En lugar de decir: "Ahora tenemos que comportarnos como amigos", haga cosas que los amigos suelen hacer juntos y empezarán a comportarse como amigos de forma natural.

Buen truco, ¿no?

La Relación Poliamorosa

Este es un tema bastante complejo, pero el poliamor y la metrosexualidad se están volviendo cada vez más populares, o tal vez sólo están emergiendo ahora después de décadas, si no siglos, de represión. Decíamos que ambos eran esperados, no sólo aceptados en la antigua Grecia. Pero de los hombres, no de las mujeres. Eso fue más que injusto.

Asimismo, en algunos países árabes la poligamia es perfectamente legal. De nuevo, si eres un hombre y quieres tener más de una esposa. Pero no si eres una mujer.

Sin embargo, la dinámica de este tipo de relaciones es muy, muy compleja. No son imposibles ni mucho menos, pero se necesita una actitud muy abierta hacia las relaciones. También existe el riesgo de celos dentro de la relación. Por lo tanto, la ***clave absoluta de las relaciones poliamorosas es una comunicación excelente, constante, honesta y abierta.***

Ahora hay libros enteros sobre ello. Si es por aquí, este mismo libro tiene un alcance demasiado amplio para tratar en detalle las relaciones poliamorosas. Es como educar a un niño... Una enorme curva de aprendizaje. Así que, yo sugeriría que si es hacia donde se dirige o si quiere experimentar con ello y es nuevo en el poliamor, debería:

- Leer libros especializados sobre el tema (consulte la lista de lecturas al final de este libro).
- Tal vez, primero intente con personas experimentadas.

Si tiene una relación monógama y quiere incorporar a un tercero (o a otra pareja, etc.; el número no es lo importante), asegúrese de que su pareja está totalmente satisfecha con ello. Asegúrese también de que los dos se responsabilicen del progreso y la felicidad (y la integración) del tercero.

En este caso, ustedes serían la "mayoría" para empezar. Pero también hay que asegurarse de que el o los recién llegados no intenten separaros. Desgraciadamente, hay gente que disfruta separando a otras parejas. Por supuesto, una pareja que quiere presentar a otro compañero puede ser una situación atractiva para estas personas.

Pero no quiero preocuparles, ni asustarles, ni perjudicarles. Esto, como hemos dicho, es un proceso muy complejo y delicado. Se encontrará navegando por rectas muy estrechas, pero si esto es lo que le hace feliz...

- lea mucho sobre ello,
- hable con especialistas,
- únase a grupos que compartan experiencias,
- tómeselo con calma.

Y, por supuesto, ¡buena suerte! Puede ser un viaje casi mágico.

La Relación Intermitente

También hay que tener en cuenta el factor tiempo. ¿Quién ha dicho que todas las relaciones tienen que ser continuas? Personalmente, tengo amigos que tienen una relación con personas con las que sólo se ven de vez en cuando, normalmente con regularidad, pero luego cada uno se va a su casa y se vuelven a encontrar quizá un mes después.

Esto también es bastante común en las relaciones jóvenes. A veces las parejas sólo se ven el fin de semana y se mantienen separadas toda la semana. En el caso de las personas que están en la adolescencia o en la veintena, este es un tipo de relación muy común.

Es bastante conveniente desde muchos puntos de vista.

- No es necesario compartir el estrés diario, a menudo durante los días de trabajo. Eso, recuerde, puede ser una gran tensión para cualquier relación.

- Es de larga duración pero no intensa.
- Se adapta a una amplia gama de niveles de compromiso. Este tipo de relación en la que se puede estar totalmente comprometido con el otro o simplemente experimentar con el otro.
- Da a cada miembro de la pareja su espacio y tiempo privados.
- Es una buena etapa entre las "citas" y las "relaciones".
- Puede ser un buen compromiso cuando la relación tiene problemas en lugar de "tomarse un descanso". Puede ser que, "sigamos juntos pero también queremos tener tiempo a solas individualmente para pensar en las cosas".
- Puede funcionar para mantener vivo el "enamoramiento" y la atracción.

Sin embargo, en muchos casos, estas relaciones no duran demasiado en esta forma. Conozco algunas que han durado años... Pero también se trata de un tipo de relación "entre etapas". Además, suele ocurrir que uno de los dos miembros de la pareja quiera "pasar a la siguiente etapa", es decir, "tener una relación más estrecha y comprometida".

Cuando esto ocurre, el otro socio puede aceptar, incluso con entusiasmo. Pero a veces no lo hace. Perder esa libertad, el tiempo a solas, etc. pueden ser elementos disuasorios. Y cualquier aumento del compromiso puede hacer que las personas no quieran o no estén preparadas para ello.

En este caso, quizá pueda intentar llegar a un compromiso y proponer un experimento. Ve poco a poco y, por ejemplo, si se encuentran un fin de semana al mes, en lugar de pasar directamente a la fase de "vamos a vivir juntos", véanse dos veces al mes... Hacer que la pareja menos dispuesta se adapte a la nueva situación es una buena estrategia y, además, dará a ambos la oportunidad de sentirse cómodos el uno con el otro.

Pintar su Relación

Así, hemos visto una serie de relaciones arquetípicas. También hay otras si lo desea, de hecho hemos dicho que cada relación es única. La relación fogosa, por ejemplo (esas relaciones del tipo "amor-odio-pelea-hacer las paces") o la súper apasionada. Sin embargo, estos no son modelos que puedas elegir racionalmente. Es mucho más probable que elija uno de los arquetipos que hemos visto cuando una relación de "truenos y relámpagos" se está calmando y puede estar buscando que tome una forma más "sostenible"...

El caso es que le invitaría a tomar estos arquetipos no como "cajas en las que puede meter su relación", sino como *una paleta de colores que puede utilizar para pintar su relación de manera que se sienta cómodo con ella y se adapte a sus necesidades y deseos".*

No hay ninguna razón por la que no se puedan tener elementos de una relación amistosa con elementos de una relación estable de "pareja casada" que funcionen perfectamente juntos. E incluso se puede tener el compromiso de una relación de pareja casada y la libertad de una relación intermitente o incluso poliamorosa y el cóctel puede estar perfectamente bien.

Sin embargo, elija lo que elija, *recuerde que se trata de su relación con su pareja, no con la sociedad.* Siempre que la relación sea consensuada y no perjudique a nadie, la sociedad no tiene autoridad para decirle qué tipo de relación debe tener o cómo gestionarla.

La lección que hay que llevarse a casa es que *si no se siente cómodo con una relación se sentirá ansioso e inseguro al respecto, pero hay muchos modelos de relaciones y puede utilizarlos para mezclar y dar forma al que más cómodo le resulte.*

Y aquí cerramos con esa hermosa palabra, "comodidad"... de hecho, el próximo capítulo tratará sobre cómo pasar cómodamente de un papel a otro dentro de su relación, un arte que necesita algunas habilidades sociales pero también lingüísticas.

8

FALTA DE INTIMIDAD Y MIEDO

L a intimidad es tan importante para las relaciones de pareja que debemos dedicar unas palabras más a ella.... En el capítulo anterior vimos su lado "normal", si se quiere "general" e incluso "positivo"... Pero ahora tenemos que entrar en un área más problemática...

Supongo que recuerda cuando mencioné la "posibilidad" de tener una relación con poca o ninguna intimidad dentro de ella. Era bastante aceptable en el pasado; los reyes y las reinas solían tener poca intimidad real; su relación en muchos casos era un "asunto de estado", no importaban el amor y la intimidad.

Venimos de una larga historia de "necesidades y soluciones prácticas en las relaciones". Aunque los reyes y los príncipes fueran un caso extremo, a menudo existía un buen nivel de practicidad incluso en los niveles inferiores de la jerarquía social. Mantener la propiedad o ampliar la riqueza era una consideración importante entre los ricos.

Pero incluso los pobres debían elegir una pareja que les ayudara en el campo, en casa o en la pequeña actividad de la familia.

Pero eso en sí mismo no excluye la posibilidad de establecer una relación profundamente íntima. Sólo añade otra capa de complejidad a la relación. Hoy en día, en la mayoría de los países ricos, las consideraciones económicas y prácticas influyen en estas elecciones. Sin embargo, no suelen ser un impedimento.

Entonces, ¿cómo es posible que algunas relaciones carezcan de intimidad? ¿Sigue ocurriendo realmente?

¿Qué causa la Falta de Intimidad?

Hay una gran variedad de niveles de intimidad. Por ello, quizá debamos entender primero lo que entendemos por "falta de intimidad". No hay un nivel de intimidad "prescrito", pero... *Hay falta de intimidad cuando uno o más de los miembros de la pareja se sienten insatisfechos con la intimidad dentro de la relación.* En palabras sencillas, es algo subjetivo. Si una pareja apenas se mira a la cara una vez a la semana y es feliz con ello... ¡nosotros también! Pero si una pareja, por ejemplo, tiene mucha intimidad pero a uno de los miembros le gustaría algo más... entonces tenemos un problema.

La felicidad es *el objetivo clave de la psicología.* Pero, ¿qué puede causar la falta de intimidad? Hay muchas razones, por ejemplo:

- *Tensión* en uno o más de los miembros.
- *Problemas de bienestar*, incluidos los problemas mentales.

Por ejemplo, la depresión puede conducir a la falta de intimidad.

- *Cansancio y falta de tiempo.* Cuando la gente trabaja demasiado, por ejemplo.
- *Disminución del afecto y del apego en la relación.* Y esto se convierte en un problema mayor, que hemos tratado en muchos capítulos de este libro.
- *Evasión de la intimidad:* se trata, lamento decirlo, de una condición psicológica, que es difícil de manejar.

Estas pueden ser las causas, y cada una tiene una solución diferente. La falta de intimidad, sin embargo, puede ser lo suficientemente grave como para suponer el fin mismo de una relación. Así que, en cualquier caso, **hay que detectarla pronto, a las primeras señales.**

Bienestar, Causas y Soluciones

Podemos agrupar el estrés, el cansancio y otros problemas de bienestar como "causas de bienestar". Excluiremos la evitación de la intimidad, porque es una condición específica, y la veremos más adelante.

¿Qué puede hacer si este es el caso?

En primer lugar, hay que evaluar la causa. Si hay cambios repentinos y/o grandes en sus patrones de vida, si sabe o nota que su pareja está muy tensa, cansada, desanimada, sin motivación, etc., entonces está en algo. Esto puede ir acompañado de una *disminución de la libido,* pero no necesariamente. Recordemos que la intimidad es mucho más amplia que el eros.

Si conoce bien a su pareja, le resultará más fácil evaluar si se trata de un problema de bienestar. ¿Y entonces? Entonces tendrá que actuar con cuidado...

- *No culpe a su pareja.* Él o ella no es responsable, sino una víctima de alguna situación estresante. A veces no podemos ocultar que estamos resentidos con nuestra pareja. Intente evitar dar cualquier señal de "culpabilidad" hacia él o ella. Incluso alguna palabra cínica puede hacer mucho daño en estos casos.
- *Su objetivo es ayudar a resolver el problema desde la raíz.* Por eso debe evitar empeorarlo con su comportamiento.
- *Recuerde que su pareja es vulnerable en esta etapa.* Por lo tanto, sea más amable. Cuando estamos estresados, etc., no tenemos el mismo nivel de tolerancia que cuando estamos relajados.
- *No fuerce la intimidad ni a su pareja.* Aunque realmente desee ese gran y fuerte abrazo, intente no forzar a su pareja en esta etapa.

"Bien", puede decir, "muchas cosas que evitar. Pero, ¿hay algo que podamos hacer positivamente?". La respuesta es sí.

- *Aumente la confianza de su pareja.* ¡Redoble los ánimos! "¡Bien hecho!", "No sabe cuánto le quiero...", "¡Es un profesional!", etc. En todos los ámbitos de la vida, intente añadir esa señal extra de agradecimiento.
- *Haga pruebas, pero elija el momento con cuidado.* Espere a

que su pareja esté menos estresada para intentar algo de intimidad. Y esto nos lleva al siguiente punto.

- *Use "dosis reducidas".* Usted entendió, tal vez empezar con actos menos íntimos. En lugar del gran abrazo y el beso apasionado, empieza por tomarle la mano un rato, por ejemplo.

- *Compruebe cuándo su pareja quiere parar y dale el gusto.* No lo tome como algo personal si después de unos segundos quiere soltarle la mano. No es algo contra usted, sino una cuestión personal. Así que, suéltelo...

- *Poco a poco, haga que su pareja se sienta de nuevo cómoda con la intimidad.* Con actos de intimidad bien programados, incluso "a escala", si es necesario, paciencia y un poco de tiempo, su pareja encontrará la intimidad más cómoda a medida que pase el tiempo... Luego será cuesta abajo.

Para que se haga una idea, es un poco como conseguir que a un bebé le guste la comida nueva. Si le da a un niño pequeño una zanahoria cruda entera y le insiste todos los días, lo más probable es que su hijo odie las zanahorias hasta el día en que se jubile y más allá. Si le da de vez en cuando una pequeña rodaja cocida con un poco de salsa... Poco a poco su hijo se convertirá en un conejito. Pero sobre todo...

Afronte el problema de raíz. Por supuesto, esto puede significar tomarse unas vacaciones, recibir asesoramiento, cambiar los patrones de vida, etc. En realidad, depende de cuál sea la causa de fondo. Pero mientras espera a que llegue la gran solución (y puede llevar tiempo), tenga en cuenta la vulnerabilidad de su pareja.

Llevará algún tiempo, pero *céntrese en el progreso* y atesore cualquier momento de intimidad que consiga...

Causas y Soluciones Prácticas

También hay causas prácticas, como la falta de tiempo, la distancia o incluso las preocupaciones económicas, que pueden provocar una disminución de la intimidad. Muy a menudo, la causa práctica desencadena una reacción psicológica, y esto da lugar a una disminución de la intimidad.

Son típicos los problemas laborales y la inseguridad financiera. La gente pierde la confianza en sí misma cuando las cosas no van bien en el trabajo. Las preocupaciones económicas pueden ser realmente horribles. Espero que nunca tenga ninguna, pero si las ha tenido, seguro que sabe a qué me refiero. Esa ansiedad puede ser literalmente debilitante. A las personas con esas preocupaciones a veces les cuesta llevar a cabo tareas cotidianas bastante comunes. Incluso la higiene personal puede pasarse por alto.

Y de hecho, una señal de que hay problemas muy profundos es la falta de autocuidado. Y esto puede aparecer en muchos niveles, desde la forma de vestir, hasta el peinado, pasando por el desorden en casa y en el trabajo. No me refiero a las personas que suelen ser desordenadas... Me refiero a un desorden inusual y creciente.

Incluso los trastornos alimenticios (pequeños o grandes) pueden estar causados por problemas tanto emocionales como prácticos. Los atracones son una forma bastante común de compensar la falta de confianza o la ansiedad y preocupación excesivas. Los atracones también pueden ser una forma de compensar la falta de intimidad, tangencialmente. Por lo tanto, si ambos acaban dándose atracones, hay algo de lo que tienen que hablar...

Las soluciones son las mismas que las de los problemas psicológicos y emocionales (bienestar), pero podemos añadir algunos consejos...

- *Aborde primero el lado emocional y mental e independientemente del lado práctico.* La parte práctica puede llevar algún tiempo... Pero si consigue mejorar la reacción psicológica ante ellos, abrirá las puertas a los momentos íntimos.
- *No haga que su pareja se sienta responsable de los problemas prácticos.* Bien, esto es lo mismo que con los problemas emocionales, pero no está de más recordarlo.
- *Tómese un tiempo libre,* si es posible. Esto puede ser difícil cuando hay problemas, pero incluso un fin de semana lejos de todo puede hacer maravillas.

Por supuesto, aquí también se trata de resolver el problema de raíz, a largo plazo. Pero cuanto más consiga tener intimidad antes de ese momento, más fuerza tendrá su pareja (y usted) para esperar hasta que todo se solucione. Incluso puede tener la mente más clara, una mayor capacidad para resolver los problemas si se toma descansos de ellos... E incluso un paseo de la mano por el parque es un poco como meditar.

Pero ahora vamos a lo difícil...

Evasión de la Intimidad

La evasión de la intimidad es en realidad una condición psicológica muy seria. Por supuesto, hay muchos estudios profesionales sobre el tema, realizados por psicólogos, psicoterapeutas, sexólogos y psicoanalistas. Si quiere hacerse una idea de las complejidades de este trastorno, encontrará una explicación bastante completa en un capítulo de la Dra. Magdalena Smieja, de la Universidad Jagellónica de Cracovia (Polonia), en la *Encyclopedia of Personality and Individual Differences,* titulado acertadamente "Evasión de la intimidad".

Este trastorno es conocido y reconocido desde hace décadas, con estudios que se remontan a los años ochenta. Puede tener ***diversos grados y manifestaciones en la vida real,*** pero en general puede describirse como cuando ***"un individuo se retira del contacto emocional de su pareja".***

Esta es, por supuesto, una definición técnica, genérica y sobre todo abstracta. Pero significa que una persona se siente -en diferentes grados- incómoda con la intimidad de la pareja. Y esto ***no es una fase, una actitud temporal o una evolución;*** es en realidad un ***comportamiento psicológico constante.*** Si alguien lo padece, no lo hace con "él y no con ella", con una pareja y no con la otra, en algunas fases y no en otras, cuando está estresado y no cuando está relajado. Lo harán, en cierta medida, en cualquier situación íntima.

Es como cuando se tiene una fobia: simplemente se tiene y no se puede evitar. Dicho esto, esta evitación puede verse agravada por el estrés, la enfermedad, los problemas prácticos, etc. ***La evasión de la intimidad es, de hecho, un síndrome.***

Pero, ¿cómo se puede saber si alguien sufre de evasión de la intimidad? Los síntomas son muchos, pero incluyen:

- Sentirse rechazado.
- Sentirse socialmente aislado.
- Sentirse emocionalmente insensible.
- Sentirse emocionalmente atrapado.
- Tener una necesidad constante de aprobación.

Estos son síntomas bastante genéricos, es cierto, pero también puede notar un comportamiento clave: *la persona evita las situaciones que desencadenan emociones y sentimientos.*

Esto no sólo se aplica a la intimidad y a las situaciones íntimas. El síndrome de evasión de la intimidad puede reflejarse en la vida cotidiana. Las personas que lo padecen son **individuos muy vulnerables.** A lo largo de los años, desarrollan estrategias para evitar sentirse emocionalmente vulnerables. Y eso a menudo se traduce en "no acercarse a la intimidad si es posible".

Dado que la intimidad y el estar emocionalmente comprometido, encendido o despierto están estrechamente relacionados, las personas con el síndrome de evasión de la intimidad tratarán de evitar ambas cosas.

De hecho, *la evasión de la intimidad afecta a muchos ámbitos de la vida:*

- *Vida intelectual:* las personas que evitan la intimidad pueden tener dificultades para compartir sus ideas con los demás (esto puede tener graves repercusiones en su carrera, su progreso académico, etc.)

- *Vida emocional:* como hemos dicho, estas personas evitan las emociones, pero también les cuesta expresarlas.
- *Vida sexual:* esto no significa que no tengan sexo, sino que les costará vivirlo como una "experiencia compartida" o sentirse tan libres y ensimismados como otros, y sobre todo sentir la plena intimidad del acto.
- *Vida experimental:* estas personas pueden tener dificultades para expresar a los demás cómo experimentan el mundo.

A la larga, las personas que evitan la intimidad pueden desconectarse de la realidad. Especialmente las personas maduras con este síndrome habrán pasado por tanta frustración que renuncian a conectar con la realidad.

Es más, las **personas con síndrome de evasión de la intimidad suelen acabar saboteando su propia relación.** A veces las personas no entienden por qué su pareja está socavando activamente la relación. Parece y suena absurdo. Y, sin embargo, bastantes personas lo hacen. Empiezan muy bien, pero de repente es *"como si lo hubieran hecho a propósito para arruinarlo todo".*

"¿Soy yo?", puede preguntarse el otro miembro de la pareja... "¿Hay alguien más y no quiere decírmelo?". No, no lo hay y a veces, cuando hay alguien, el "amante" es puramente funcional para arruinar la relación. Puede hacerse todas las preguntas que quiera, y nunca llegará a la verdad si no sabe cuál es.

La persona que padece este trastorno desea intimar con usted, pero también teme inconscientemente hacerlo. Muy a menudo **tienen tanto miedo a ser abandonados que no se atreven a correr el riesgo emocional de intimar.** Así que, como no pueden romper esta barrera psicológica, arruinan la relación como una salida triste, realmente triste.

Cuando dicen: "No es usted, soy yo", lo dicen en serio. Pero no pueden explicar por qué no pueden cambiar o resolver "su problema". Porque es demasiado profundo y subconsciente. Su miedo es demasiado grande y antiguo para poder superarlo. A veces ni siquiera saben por qué lo tienen. A veces sólo mencionan que es demasiado doloroso para pensar en ello. Cuando decimos "trauma" en psicología nos referimos en realidad a una herida tan profunda y tan dolorosa... bien, yo también estoy llorando...

Pero luego, *también se sienten profundamente culpables por haber arruinado la relación,* y la espiral descendente sigue profundizándose. Es realmente triste. Necesita un profesional. Perdone si lo recalco.

Pero también es cierto que *algunos nos sentimos instintivamente atraídos por las personas vulnerables.* Las personas con síndrome de evasión de la intimidad rezuman vulnerabilidad. Y si es de los que quiere abrazar a todo el mundo con un brillo triste en los ojos, lo más probable es que ya haya conocido a alguien con este síndrome o que lo haga.

Y *querrá ayudar. Pero no será capaz de hacerlo usted mismo.* Y eso también puede tener consecuencias en su confianza, en su bienestar, en sus inseguridades, en su presente y en su(s) futura(s) relación(es).

Por un lado, esto nos hace valorar aún más nuestra vida emocional e íntima... Por otro, es una situación realmente grave y triste. Las versiones más ligeras del síndrome pueden ser más manejables, por supuesto, pero las más pesadas pueden arruinar literalmente relaciones y vidas enteras.

El síndrome de evasión de la intimidad requiere ayuda profesional. Creo que ya lo habrá adivinado. Sé que hay un estigma con estas cosas, pero realmente es la única solución. Incluso en los casos más leves, es mejor buscar asesoramiento sobre el asunto. De hecho, la condición puede empeorar más tarde en la vida.

Pero aunque se necesite asesoramiento (incluso terapia, según el caso) para superarlo, hay *estrategias de afrontamiento que los miembros de la pareja pueden adoptar.* Y las veremos enseguida después de una pequeña divagación.

La pregunta que aún no he respondido es "¿qué causa el síndrome de evasión de la intimidad?". Estoy seguro de que ya tiene unas cuantas ideas, y también estoy bastante seguro de que las ha acertado...

De hecho, es uno de esos problemas psicológicos que tienen su raíz en la infancia. Ahora bien, si le gusta un poco la psicología conocerá la "explicación freudiana estereotipada"... las causas de los problemas de los adultos hay que buscarlas en los primeros años de vida... ¡No siempre es así! Hay muchos problemas, incluso muy comunes, que pueden aparecer más tarde en la vida; la depresión es un ejemplo típico (aunque también puede tener raíces infantiles).

Pero usted sabe una cosa, estoy segura: **cuando los problemas psicológicos se originan en la infancia, son muy graves.** Esto se debe a que *el trauma que causa estos problemas se ha abierto camino en el subconsciente.* ¿Qué significa esto? Significa que provoca nuestro comportamiento, nuestras acciones, reacciones e incluso sentimientos sin que seamos conscientes de lo que ocurre.

Imagina el dolor y la frustración que sufre una persona cuando no puede tener una vida íntima normal y no puede hacer nada al respecto. Esto explica por qué pueden llegar a distanciarse de la realidad. Una razón más para involucrar a un profesional.

Pero, ¿cuáles son estas "causas de la infancia"? Incluso aquí, estoy segura de que lo ha adivinado: **a menudo tiene que ver con la familia o, más genéricamente, con los cuidadores.** "Esto se está convirtiendo en un episodio de Frasier", debe estar pensando. Y sí, el síndrome de evitación de la intimidad tiene todas las cosas clásicas del tipo "estereotipos de psicología que encontrarías en una película"...

"¿Algo más concreto?", puede preguntar. Sí, hay algunos tipos de relaciones con cuidados que suelen estar en la base de este síndrome. Ahora le diré, y sus ojos se humedecerán...

- *Cuidadores agresivos;* sí, en muchos casos es la violencia verbal o física la que lo provoca.
- *Cuidadores despectivos;* en otros casos, los cuidadores no muestran suficiente cuidado y atención al niño.

También puede haber otras causas específicas, como *la pérdida de uno o más cuidadores*. Por último, también *ser abandonado por uno o más cuidadores* puede causar un trauma lo suficientemente grande como para provocar este síndrome.

Una taza de té, un pequeño llanto, y luego podemos continuar...

...

Bien, esto no era un ejercicio, pero he pensado que una pequeña pausa para reflexionar nos vendría bien. Si está en su naturaleza enamorarte de las personas vulnerables, me repito, pero lo hago por su bien: no crea que puede hacerlo solo, por favor. Al mismo tiempo, no piense menos de usted por haber buscado ayuda profesional.

La otra cara de estas relaciones es que el "colaborador" corre un alto riesgo de decepción o frustración:

- Si lo intenta por su cuenta y fracasa, se sentirá como una gran decepción.
- Si busca ayuda, puede pensar: "No soy lo suficientemente bueno".

La segunda afirmación no podría estar más alejada de la realidad... Y... ¡Ahora a las buenas noticias!

Mientras espera a que el asesoramiento o la terapia muestren resultados, todavía hay un papel enorme e importante, pero sobre todo positivo, para usted en esta situación. ¿Recuerda las **estrategias de afrontamiento**, sí? Entonces, ¡aquí vamos!

De hecho, existen estrategias para el compañero que ayuda, pero también estrategias para el compañero con el síndrome. Y pueden ser -en realidad deberían ser- abordadas como un trabajo en equipo.

Estrategias para las parejas de personas con síndrome de evasión de la intimidad

Para el "compañero de ayuda" hay algunos consejos que le ayudarán a sobrellevar esta condición tan difícil.

- *Tenga paciencia;* esto es muy importante. Comprenda que su pareja necesitará tiempo. Presionar a su pareja puede empeorar las cosas (es una fuente de ansiedad).
- *Espere contratiempos...* el progreso no será perfecto. Habrá momentos en los que -simplemente no está funcionando en este momento...- por favor, sea comprensivo y no haga sentir a su pareja que ha fallado o que ha hecho algo mal.
- *No lo tome como algo personal cuando su pareja rechace la intimidad.* Estas relaciones tienen muchísimos intentos, contratiempos, etc. Pero muy importante, cuando su pareja diga "no" recuerda que no es "no a usted", sino "no puedo y no es su culpa ni significa que no le quiera".
- *No reaccione con ira cuando su pareja rechace la intimidad.* Esto es absolutamente importante. Cualquier signo de ira sólo empujará el trauma más profundamente en el subconsciente de su pareja. Esto hará que sea más difícil de resolver y puede incluso empeorar seriamente la condición.
- *Evite las sorpresas;* lo sé, ¡tiene tantas ganas de reservar ese viaje y decírselo a su ser querido durante la cena! Pero eso

puede hacer que él o ella sienta que "no tiene el control" y eso desencadenará el síndrome. En su lugar, bueno, menos parecido a un episodio de Friends pero más realista y, sobre todo, cómodo para su pareja... Planifiquen el viaje juntos.

- *Dar pequeños pasos y tomar decisiones claras y conjuntas;* esto se deriva del punto anterior. Discuta las opciones en detalle y asegúrese de que hay acuerdo en cada punto...

- *Haga que su pareja sienta que tiene el control.* De nuevo, siguiendo el punto anterior, pero aplicable a todas las decisiones de la vida en común, incluso a las más pequeñas, como a qué tienda ir y qué tipo de manzanas quiere comprar.... Cuanto más sienta su pareja que tiene el control, más cómoda se sentirá en la intimidad.

- *Siga elogiándole y expresando sus sentimientos positivos hacia él/ella.* Lo de los elogios está claro, pero ahora imagine a alguien con problemas de intimidad viviendo con alguien que nunca expresa sus sentimientos... Eso lo hace aún más difícil, ¿no? En lugar de eso, transmita la idea de que para usted es normal y hermoso compartir sentimientos con él o ella... Esto puede cambiar el juego.

- *Deje claro que se trata de un trabajo en equipo.* Van a emprender un largo viaje juntos y si lo viven juntos, si lo gestionan juntos, lo planifican juntos, lo comparen, etc., este mismo trabajo en equipo facilitará la intimidad de su pareja.

- *Escuche con atención, sin juzgar y sin presionar.* En algún momento, su pareja querrá abrirse sobre su experiencia traumática. Aquí tiene que ser un poco como un consejero profesional. No digas: "¿Y quién era?" o "¿Qué pasó después?".

Eso se ve y se siente como si quisiera saber sus asuntos. Eso es presionarle a él o a ella. No, en vez de eso. Deje que su pareja diga lo que quiera, como quiera y tanto como quiera. Su papel es escuchar sin juzgar y expresar empatía. Hágalo, diga algo como "entiendo" o "debe haber sufrido mucho", etc.

Estrategias para personas con síndrome de evasión de la intimidad

Si es usted quien tiene este problema... Sobre todo, no se culpes. Nunca. Incluso cuando esos nubarrones oscuros vengan a su cabeza llenos de ejemplos de cosas que hizo mal tenga en cuenta esta luz: no lo hizo porque quiso. *Tuvo que hacerlo y esta "cosa" no se puede vencer sola.* No es una excepción. Ni siquiera Superman puede hacerlo.

Una vez aclarado esto, podemos ver también algunas estrategias de afrontamiento. Su consejero probablemente le sugerirá las mismas, otras similares e incluso más, pero algunas para empezar...

- *Acepte la incertidumbre;* las cosas salen mal, pero siempre podemos arreglarlas después. Practicar un deporte puede ayudarle a sentirse cómodo con la idea. Especialmente un deporte que no se le da bien. ¿Sabe por qué? Perderá muchas veces. Pero también se acostumbrará a la idea de que "perder no es tan malo después de todo". Es sólo cuestión de un momento...

- *Céntrese en el día a día.* Un poco de planificación está bien, pero aprovecha el día, viva el momento hasta donde pueda. Demasiada planificación desplaza el enfoque hacia el futuro, que es incierto, y las incertidumbres traen inseguridades, y las inseguridades traen ansiedad... Ya ve por dónde voy.

- *Empiece con meditación o yoga;* pueden ser muy buenos para relajarse y entrar en contacto con su interior, con sus emociones e incluso enfrentarse a algunos de esos gremlins que no nos gustan demasiado.

- *Exprese su autocompasión;* necesita estar a gusto con usted mismo si quiere intimar con los demás. La compasión, sin embargo, no es sólo "lástima"... Dígase a usted mismo "Tuve muy mala suerte con eso", o incluso "Eso me dolió mucho". Bien, pero luego no se olvides de decir: "Me sentí muy bien con ello", y "Mira: qué hermosa persona soy".

- *Hable consigo mismo, sintonice con su diálogo interior;* no tenga miedo de mantener conversaciones largas y especialmente sinceras con usted mismo. Cualquier cosa. Desde cosas frívolas y triviales hasta cosas importantes. Sobre todo, intente decirse lo que siente. Algunas personas acaban incluso discrepando consigo mismas y, ¿sabe cuál es el lado bueno de esto? Que siempre puedes elegir estar en el lado ganador al final.

- *Dese el tiempo suficiente.* No se apresure, eso sólo provoca más presión. Llevará tiempo y hay que tener paciencia. Pero tampoco hay que esperar demasiado, demasiado pronto, de uno mismo. Tómese todo el tiempo que necesite.

- *Mire su pasado, pero tómelo con calma.* Si no se siente cómodo con un pensamiento del pasado, no se detenga en él. De hecho, es mejor hacerlo durante las sesiones profesionales. Pero si siente que hay algunos episodios que puede recordar ahora sin que le duelan demasiado, que puede afrontar y conseguir recordar, entonces haga un breve intento de vez en cuando. Pero hágalo cuando tenga tiempo, cuando esté tranquilo y, sobre todo, cuando se sienta bien contigo mismo.

Y hemos llegado al final de este capítulo tan intenso. Fue intenso para mí, así que me imagino que también lo fue para usted. Pero este es el problema más grande, difícil y complejo que tenemos que abordar en este libro. Y lo hemos hecho. Ahora ya sabe que incluso los síndromes psicológicos graves que pueden afectar muy negativamente a las relaciones tienen solución. Aunque sea profesional. Pero ahora puede reconocer una, lo que marca la diferencia...

En el próximo capítulo cambiaremos de tema ("Qué tontería", pensará, pero es una pista, en realidad...)

Así que, respire hondo, relájese, tómese una taza de té y vuelva cuando esté preparado.

9

EL ARTE DEL CAMBIO

Hablando de cambiar de tema, ¿cuántas veces a lo largo de un mismo día cambia su relación con su pareja? Seamos "voyeurs imaginarios" por un segundo... Ahora tenemos una cámara fijada en la cabeza de dos amigos imaginarios míos: Aysha y Chris. En cada etapa, pregúntese cómo es su relación en ese momento y qué ha cambiado respecto a la anterior.

Es sábado por la mañana y Chris se despierta. Aysha sigue en la cama. Pero tiene que preparar el desayuno para ambos. ¿Cómo es su relación ahora? Cuando Aysha se despierta, el desayuno está listo en la mesa y se saludan con un beso antes de sentarse. ¿Cómo es su relación ahora?

Chris suele ser el que lee el periódico y habla de política y noticias, mientras que Aysha tiende a escuchar pero no participa demasiado. ¿Qué ha cambiado en su relación? Sin embargo, luego tienen que despertar a los niños. Este es un momento bastante problemático y a menudo caótico porque a los niños les gusta dormir, luego suelen discutir por los turnos de baño... Así que Aysha toma las riendas y se ocupa de ellos mientras Chris se hace el desentendido en el jardín mientras revisa las flores y las verduras.

Como es sábado, se suben al coche. Aysha tiene carnet de conducir, pero Chris no. Así que Aysha conduce hasta el centro comercial, mientras Chris mantiene a los niños tranquilos...

Podría seguir durante todo el capítulo, pero creo que es suficiente para entenderlo. Cuando están en el coche, por ejemplo, Aysha tiene un *papel protagonista,* **mientras que en ese momento Chris tiene un** *papel de apoyo.* Cuando Aysha despierta a los niños, de nuevo ella es la protagonista, mientras que él, literalmente, "se aparta temporalmente", pero sigue actuando como *facilitador.*

Lo que entendemos de esto es que los *roles dentro de la relación cambian continuamente.* Chris y Aysha no están en las mismas posiciones relativas en cada cambio, y estos cambios pueden ocurrir muy rápidamente y con frecuencia.

Y ni siquiera hemos llegado a la hora de comer, ¡y mucho menos hasta que Aysha y Chris vuelvan a la cama por la noche! ¿Se imagina cuántas veces tienen que *cambiar de papel durante el día?* Pueden ser literalmente cientos de veces. Cada día. Durante toda una vida...

Ahora entiende por qué *ser capaz de cambiar e intercambiar los roles en una relación es fundamental para su supervivencia y felicidad.* Y por supuesto, ahora vamos a hablar de ello.

Sin embargo, antes de seguir adelante, quiero preguntarle una cosa. Si tiene pareja, bien. Si no, elija a la persona con la que más tiempo has pasado durante un día entero recientemente. A estas alturas ya sabe que yo me meto en mis asuntos, así que, en lugar de decírmelo, tómese unos minutos para pensar en parte de un día reciente y cuente los cambios de roles que has tenido con él o ella... El día entero sería demasiado largo de considerar. No hace falta que me lo diga.

...

Eran muchos, ¿verdad? Además, está el factor adicional de que cuantas más actividades se realicen juntos, más habrá que cambiar los papeles. Esto no ocurre sólo con las parejas. Ocurre en todo tipo de relaciones.

Hace tiempo, la gente tenía roles y vidas más rígidos socialmente. Es más, especialmente en los entornos rurales, tenían menos encuentros durante el día... Sucedió que empezamos a identificar a las personas por un solo papel en sus vidas. A menudo era el trabajo o la procedencia...

De ahí vienen nombres como Smith, Thatcher, etc.... Pero en el siglo XX nos dimos cuenta de que todo el mundo tiene una "gama de papeles y personalidades". No es la misma persona cuando está en el trabajo o cuando va de compras. Su papel cambia. En el trabajo es profesor, constructor, enfermero, etc.... Tiene (o es) un jefe y tiene compañeros. Incluso puede tener clientes o pacientes, etc... Pero cuando va de compras ya no es un profesor o una enfermera... ¡Ahora es el cliente!

Como puede ver, lo hacemos con fluidez en muchos casos, pero... Puede haber algunos problemas con las partes.

Roles Dentro de las Relaciones

Si bien la mayoría de los roles están dictados por la sociedad, no ocurre lo mismo con las relaciones. Creemos que vivimos en un mundo libre... en cierto modo sí, pero está lleno de reglas sociales no escritas (o escritas).

Cuando se encuentra con un profesional, hay normas de compromiso... Todos tenemos esa actitud tan respetuosa con los médicos, ¿no? Cuando una persona de la policía lo para en el semáforo, saca el carnet y espera que no lo multen... Cuando sube a un avión, escucha al capitán y a la tripulación cuando le dan instrucciones para despegar, etc....

Todas estas son relaciones con reglas sociales bastante estrictas y predeterminadas. Pero *en las relaciones personales las reglas sociales son más laxas, o a veces (casi) no existen.*

Esto depende un poco de la sociedad en la que se vive. No hace mucho tiempo, en los países occidentales era la sociedad la que dictaba qué papeles tenían los hombres y las mujeres en sus relaciones personales. Esto todavía perdura en muchas relaciones personales, aunque en versión más suave.

¿Ejemplo? Todavía hay parejas en las que algunas tareas son del dominio exclusivo de la mujer, como cocinar, lavar los platos, limpiar y la mayoría de las tareas domésticas. Es una norma social, una herencia de tiempos pasados en los que las mujeres y los hombres no eran iguales. Esto sigue siendo muy común en las parejas de ancianos. Es muy infrecuente en las parejas urbanas jóvenes. Pero varía de un lugar a otro. Mientras que en Nueva York o incluso más en Copenhague esto sería muy raro, en algunas zonas rurales tanto de EE.UU. como de Europa, este tipo de "arreglo" sigue siendo bastante común.

Y sólo nos fijamos en Estados Unidos y la UE. Hay países en todo el mundo en los que estas antiguas normas siguen estando escritas en la ley. Pero la razón por la que hablamos de ello es otra.

Si hay reglas sociales preestablecidas en una pareja, los roles tienden a ser bastante estables. Uno de los miembros de la pareja tendrá un papel la mayor parte del tiempo y el otro, otro. Suelen ser un *papel de líder y otro de seguidor.* He utilizado "seguimiento" en lugar de "sumisión", "sometimiento", etc., porque es más general. Pero en algunos casos, podemos hablar de un *rol dominante y un rol sumiso.* Es difícil decir dónde empiezan estas definiciones; como siempre, también tiene perspectivas personales y subjetivas.

Pero cuando estos roles fijos del pasado no existen, las relaciones se vuelven fluidas y los dos roles (con distintos grados, incluso los intermedios) pasan de un miembro de la pareja al otro... Esto significa muchos cambios...

Bien, lo voy a decir en palabras muy sencillas: *si quiere una relación moderna, libre e igualitaria, será mejor que sepa cambiar los papeles.*

Puede que piense: "¡Bien, se me da muy bien!", pero el problema es que *ambos deben ser buenos en esto y estar dispuestos a hacerlo.* En las relaciones poliamorosas todos los miembros tienen que ser buenos en esto, y la dinámica puede llegar a ser muy compleja.

Aquí es donde a menudo surgen los problemas... Mucho depende de las experiencias pasadas de los socios. Ahora, déjeme contarle una historia... Lisa y Paul han sido compañeros durante un año, así que decidieron irse a vivir juntos. No querían casarse de inmediato, ya sabe...

En fin, se fueron a vivir juntos y al cabo de unas semanas recibí una llamada de Lisa... Quedamos para tomar un café y me dijo que, bueno, las cosas no iban como ella esperaba. ¿Por qué? Paul era totalmente "moderno" cuando salían juntos. "Pero dentro de casa", me dijo, "sigue esperando que sea una "esposa" a la antigua usanza..."

Sentí curiosidad y un poco de preocupación, así que pedí más detalles. No eran grandes problemas, pero sí lo suficientemente molestos como para poner una brecha en su relación. Básicamente, a Paul no le gusta cocinar, y eso le parece bien en cierto modo, pero tampoco ayuda a lavar y fregar. Son sólo dos cosas, pero ella está molesta.

Tengo que pedirle un consejo aquí: ¿por qué cree que Lisa está tan alterada? ¿Por qué cree que Paul tiene estos hábitos "extraños"?

...

Veamos... ¿Se puede decir que a Lisa le preocupa que Paul empiece con dos o tres cosas y luego empiece a retirarse de otras tareas? Es posible.

O que Lisa quiere una relación perfecta, de "cuento de hadas", por lo que cualquier punto es increíblemente molesto...

Una cosa, sin embargo, es que la igualdad no puede ser tal si hay un solo elemento desigual... Y esto puede ser una cuestión de principios... Verá, Lisa tiene una clara expectativa de "igualdad en todo" y una o dos cosas son suficientes para "recordarle que no es realmente igual a los ojos de Paul". Y esto puede ser frustrante, incluso muy doloroso y puede "carcomer" una relación a largo plazo.

Pero ahora necesito su ayuda una vez más. ¿Qué pasa con Paul? ¿Por qué cree que se está comportando así?

Tomaré mi café blanco con azúcar moreno si lo hace esta vez.

...

Esa fue "la" taza de café perfecta, ¡gracias! Bromas aparte, ¿qué le ha parecido Paul? Podemos estar de acuerdo en que no es totalmente consciente de lo que está haciendo. Seguramente, no entiende que Lisa está ansiosa por ello...

También podemos estar de acuerdo en que tiene problemas para cambiar, ¿no es así? Y entonces podemos intentar adivinar por qué se resiste a este acuerdo totalmente igualitario que busca Lisa. ¿Podemos adivinar que hay algunos *condicionamientos culturales y experienciales* en su comportamiento? Esto, de hecho, se parece mucho a uno de esos "rasgos familiares" que provienen de años, décadas incluso, de ver a su mamá o a las mujeres de su familia de origen hacer ciertas cosas y no otras...

Básicamente, podemos suponer que en casa de sus padres, Paul nunca vio a su padre fregar los platos ni acercarse a la lavadora... Y suele ser la *pareja masculina la que se resiste a estas relaciones igualitarias.*

Imagine una situación extrema... Imagine a un hombre que viene de una familia donde los miembros masculinos tienen una posición muy dominante y los miembros femeninos simplemente no son tratados como iguales debido a su cultura y tradición... ¿Qué tan fácil sería para este hombre cambiar a una relación igualitaria? Muy difícil en la mayoría de los casos...

Volveremos a esto y le echaremos una mano a Lisa en un minuto, pero primero, algo más difícil...

Roles íntimos y Cambio

Hasta ahora, hemos hablado de la limpieza... Ahora, piense en la cantidad de papeles diferentes que pueden tener las personas cuando están intimando. Sí, eso *incluye el sexo*... Aquí el mundo de posibilidades es enorme. Dependiendo, por supuesto, de los gustos y preferencias de los miembros de la pareja, pero realmente puede haber mucha alternancia en estos momentos.

Y quizás *el cambio más "emocionante" pero también "espeluznante" es el de "salir de la intimidad" a "entrar en la intimidad".* Ya me entiende...

Este es en sí mismo uno de esos momentos en los que se sienten mariposas en el estómago y un aleteo en el corazón, etc... Muy a menudo hay **señales clave, como gestos o palabras que indican la voluntad de cambiar a un momento íntimo o sexual.** *En la familia Adams,* recuerda, fue cuando Morticia Adams habló en francés... Bien, es una visión divertida, pero tiene un punto de vista educativo; cada pareja tiene sus propias *"señales de cambio",* *y éstas a menudo provienen de la propia historia de la pareja.*

En muchos casos, estas señales se remontan a la "primera vez" de la pareja, o al menos a las primeras etapas de la relación.

Cuando se dan estas señales y no se captan, la pareja que las envía suele preocuparse mucho. Es un "rechazo", aunque esté "codificado" en un lenguaje que sólo la pareja puede entender. Pero aquí no se puede engañar a la pareja. *Si se rechaza a la pareja, siempre hay que explicar por qué.* La "situación de dolor de cabeza" está bien, siempre que sea abierta y honesta.

Pero piénselo bien; su pareja se sentirá "rechazada", incluso "avergonzada" y esto puede tener enormes consecuencias en su confianza. Por lo tanto, su "rechazo" debe ser:

- *Tranquilo*
- *Comprensivo y empático*
- *Específico en su razón*
- *Cálido y no frío*

Algo así como: "Oh, cariño ahora mismo tengo la mente puesta en la factura de la luz, lo siento, ojalá pudiera", y luego ofrecer alguna **compensación íntima**, como un largo abrazo, un achuchón etc....

El "Oh, no, acabo de peinarme", seguido de levantarse para encender un cigarrillo es realmente doloroso (¡y poco saludable!) Verá, en esta etapa, *su principal objetivo es no herir los sentimientos de su pareja. Piense en cómo te sentiría usted...*

Hablando de eso, ¿qué pasa si es su pareja quien le rechaza? ¿Y qué pasa si su pareja no se comporta como acabamos de decir? En el peor de los casos, se produce la reacción de "dejar el contacto físico y pasar a algo muy frío y poco íntimo". En este caso, suele haber un problema grave en la pareja, y ha llegado el momento de una "charla sobre la relación".

Pero en la mayoría de los casos el daño se hace de forma inconsciente. Por supuesto, hay una serie de niveles y reacciones, desde un simple "ignorar la señal pero ser dulce e íntimo de todos modos" hasta "decir algo que es demasiado vago", etc.

Bien, aquí tiene que acercarse a su pareja y hablar de ello. Es difícil decir que le han herido. Sobre todo en temas tan íntimos, hay un sentimiento de humillación y pérdida de prestigio... Pero intente hacerlo la primera vez que ocurre, o lo antes posible. *Rechazar ofertas de intimidad de forma equivocada no puede convertirse en un hábito.* Eso iniciará una espiral descendente realmente dolorosa que puede arruinar su relación.

Y, curiosamente, ¡aquí es donde tiene que cambiar! Sí, tiene que asumir un *papel protagonista* e iniciar una conversación sobre lo que espera de él o ella en estas situaciones. Ahora bien, tenga en cuenta que no puede decir: "No puede rechazar mis avances". No se trata de eso y deje claro desde el principio que no es por ahí por donde va. Hacer esto por sí solo reducirá las barreras de su pareja (en esta fase se preocupará por su "aceptación de la negativa" más que por el "cómo lo hice fue incorrecto").

Dígale que la *forma en que lo hizo es hiriente.* De nuevo, utilice el lenguaje de los sentimientos que vimos al principio de este libro: "Cuando se puso de pie me dolió, esperaba un abrazo", o "me sentí mal porque ni siquiera me dijo por qué no le apetece ahora...".

No sea "regañón" pero sea firme en su derecho a no ser herido. No se trata de una confirmación, sino de un "momento de comprensión mutua". Básicamente, tiene que enseñarle lo que acaba de aprender en este libro. Usted también se merece un "rechazo" tranquilo, comprensivo y empático, específico en el motivo, cálido y seguido de una compensación íntima (un abrazo, un beso, lo que sea...).

A lo largo de los años, se rechazarán mutuamente; esto debe hacerse sin herir al otro. Por tanto, ambos miembros de la pareja se beneficiarán del aprendizaje de esta habilidad de "cambio".

Roles íntimos, Personales y Sociales... ¡y más cambios!

Si bien lo ideal es que la mayoría de nosotros desee roles igualitarios en las situaciones sociales y personales, no a todo el mundo le gusta esto en los roles íntimos. Haga una pausa, respire largamente y reflexiona. Este es uno de los equilibrios más extraños de conseguir en una relación.

¿Sabe a qué me refiero? Sheila y Frank son totalmente igualitarios. Tienen roles iguales en el hogar, comparten tareas con los vecinos, deciden todo totalmente juntos, ambos trabajan, etc. Pero... Cuando llega la noche y se acurrucan en el sofá a Sheila le gusta sentirse protegida y se acurruca entre los brazos de él...

Por lo tanto, en esta etapa, es Frank quien asume el protagonismo. Este es un ejemplo pequeño y delicado. Pero el hecho es que *dentro de la esfera íntima cualquier papel consensuado es totalmente aceptable.*

Una cosa que tenemos que entender es que ser igualitario y equitativo en la relación no significa, por ejemplo, tener que tener "roles igualitarios en la cama". Esa es una esfera diferente en la que uno de los miembros de la pareja puede querer que el otro asuma un papel protagonista...

En ese ámbito se suspenden todas las reglas excepto una: *lo que se hace debe ser consentido.*

Por supuesto, estos roles pueden ser bastante salvajes. En los últimos años ha habido un aumento masivo de la actividad sexual fetichista y sadomasoquista... Cosas que antes eran "mitológicamente pervertidas" son ahora muy comunes. Es parte del *proceso de liberación sexual* que hemos visto en las últimas décadas (después de los años 80 en particular).

Lo han propiciado los músicos pop (Madonna es, con diferencia, la mayor impulsora de esta revolución) y luego con la llegada de Internet... Todos sabemos que cosas que ni siquiera sabías que existían aparecen de repente en pequeñas (y me permito decir que bastante insistentes) ventanas de la nada...

Ahora las prácticas sexuales que antes sólo unos pocos sabían que existían están al alcance de los jóvenes también... Y de hecho, ese mundo ha cambiado totalmente...

Aquí queda la única regla intocable: **todos los actos y prácticas sexuales deben ser plenamente consentidos.**

Pero aparte de eso, **cuanto más experimentales son los roles sexuales, más se requiere la habilidad para cambiar.** Puede haber vergüenza, incertidumbre e incluso confusión si el cambio no funciona bien.

Dicho esto, no es nada raro que el miembro de la pareja que tiene un papel protagonista en la cama pueda tener luego un papel seguidor fuera de ella. No hay ninguna regla y cuando los descarados (entrometidos) miran a las parejas y "adivinan" cuáles son sus roles íntimos, pues tenga en cuenta que la forma en que se comportan delante de usted puede ser totalmente diferente de lo que hacen a puerta cerrada. Pero el punto clave sería que lo que hacen a puerta cerrada no es asunto de nadie más...

¿Cómo es un cambio exitoso en estas situaciones?

En realidad es una habilidad muy astuta. Para ser sinceros, en la antigua comunidad sadomasoquista tenían reglas claras... Es increíble cómo todo el mundo estaba perfectamente regulado, con reglas que nunca se romperían e incluso una forma de etiqueta. Pero esa era una comunidad pequeña y muy unida. Ahora que estas prácticas se han vuelto más comunes, esas reglas se han olvidado.

Por el contrario, yo me ceñiría a ellos muy estrechamente. Todas ellas se centran en el consentimiento y la seguridad y están diseñadas para que *la transición de un papel a otro sea fluida.*

- *Están muy ritualizados.* El ritual suele ser siempre el mismo; puede haber un elemento de vestimenta, o palabras, o asumir ciertas posiciones, etc. Suele haber más de un elemento junto.
- *La pareja protagonista inicia este ritual.* La pareja que toma el papel principal en la actividad sexual es también la que "celebra el ritual". Es muy importante que diga ciertas palabras, etc. Es la "facilitación de la siguiente pareja" que le permite sentirse a gusto y seguro en este papel.
- *Siempre hay una salida para el otro miembro.* Normalmente, los socios establecen "la palabra". Debe ser una palabra sin referencia sexual, y si el siguiente compañero la dice, el compañero que lidera se detiene inmediatamente, sin hacer preguntas. Cuando uno "lidera" puede no ser consciente de que está yendo demasiado lejos. No hay opción de faltar al respeto a esa palabra. En cierto modo, es la "cosa" que mantiene un elemento de igualdad incluso a este nivel. Y cuando decimos inmediatamente queremos decir inmediatamente. De hecho, cualquier acto realizado después es técnicamente no consentido.

- *La pareja líder comprueba repetidamente el consentimiento.* Es una buena característica de la pareja líder asegurarse de que el otro está realmente contento. En los "actos sexuales desiguales", el líder pregunta constantemente al siguiente si le gusta lo que está haciendo. Es una responsabilidad, no sólo un "juego pervertido".
- *El cambio es lento, largo y muy cálido e íntimo.* Hay muchos mimos, abrazos, miradas directas a los ojos, etc... cuando se sale de los roles sexuales y se vuelve a los roles personales. Esto también es muy necesario para facilitar la transición a una relación igualitaria. Mientras que la entrada puede ser rápida, la salida puede llevar de media hora a un día entero...

Como puede ver, hay una solución para todo. Las relaciones pueden ser muy complejas, y realmente tenemos que estar agradecidos a las personas que desarrollaron todo un proceso probado y seguro de cambio en situaciones muy íntimas.

Como nota secundaria, pero necesaria, este conjunto de normas también protege a ambos miembros de la pareja. Pasar esa línea de consentimiento significa entrar en el "área de la violación". Y en el sexo, especialmente si uno de los miembros de la pareja tiene el "control", debemos estar doblemente seguros de que esa línea no se cruza nunca, ni siquiera por error.

Cuándo Cambiar, Cómo Cambiar

¿Recuerda a Lisa y Paul? Dije que volveríamos para ayudarlos, y siempre cumplo mi palabra. En realidad, sabe que soy perezosa, y le voy a pedir que lo haga. Pero ahora tenemos que hacer dos cosas...

- Recordemos cuál era el problema de Lisa y Paul.
- Mire este problema desde una perspectiva mucho más profunda que ahora hemos explorado.

Empecemos por lo segundo (me gusta empezar por atrás)... ahora hemos visto que incluso los cambios muy emocionales, literalmente como el de las posiciones sadomasoquistas a las de pareja igualitaria (e incluso si quiere "jefe y empleado" - y diviértase pensando que son exactamente lo contrario de lo que ocurre a puerta cerrada) **son posibles**, y que *hay una técnica probada para hacer este cambio.*

Ahora, desde esta perspectiva, el problema de Lisa y Paul puede parecer muy pequeño. ¿Recuerda cuál era? Era que Paul (por lo que identificamos como "legado" cultural) no hacía cosas como fregar los platos, y esto, con razón, le dio a Lisa la "sensación" de que él no la veía como totalmente igual en la relación.

Ahora que recordamos, ¿puedo decir una cosa? A estas alturas confío plenamente en que tiene un montón de ideas sobre cómo ayudarla... Así que, ¿puedo ausentarme para tomar otra taza de té? Té verde ahora ya que el café es malo para los nervios...

...

El té verde es una maravilla de la naturaleza... Por cierto, ¿sabía que es excelente para perder peso? El té de cúrcuma en particular. Permite que la grasa de su cuerpo pase de ser grasa blanca a grasa marrón. La grasa blanca es la que almacenamos, la grasa marrón es la que quemamos. La cúrcuma convierte la grasa blanca en grasa marrón... En promedio, media cucharadita de cúrcuma en una taza de agua todos los días te hará perder 1,5 libras a la semana. No está mal...

Pero basta de prepararse para el verano... ¿Qué podemos decir de Lisa y Paul? Seguro que Paul tiene que entender que la "igualdad" tiene muchas implicaciones prácticas. Aunque esto pueda parecer un "pequeño problema" comparado con los "cambios sísmicos" que hemos visto hasta ahora, no significa que el problema sea menos doloroso. Es más, es posible que Lisa no quiera abordarlo porque la "conciencia del problema" no es enorme, puede parecer "venial" y "mezquino" hacer un escándalo por estas cosas.

En cambio, ¿qué opina? ¿Debe Lisa enfrentarse a él? La respuesta es, estoy seguro de que estará de acuerdo, un rotundo SÍ. ¿Y cómo debería hacerlo? Básicamente, hay dos opciones: una es como un diplomático que trata de transmitir un punto lógico, y la otra es aprovechar el lado emocional y la buena voluntad de Paul.

En términos prácticos... La mayoría de las parejas que se encuentran en esta situación terminan con uno de los miembros de la pareja diciendo algo parecido a "Estoy en mi derecho de que...", o "No estás haciendo tu parte". El problema de este planteamiento no es que sea erróneo desde el punto de vista fáctico... Es que pone a los dos miembros de la pareja en una situación conflictiva... Y siempre que hay conflicto se corre el riesgo de perder la cara, y cuando se corre el riesgo de perder la cara se adopta una posición defensiva... A estas alturas ya sabe muy bien que a estas alturas nos dirigimos hacia una confrontación...

En su lugar, ¿puedo sugerir un enfoque diferente? Es diferente de lo que normalmente usamos (y fallamos), pero nos resulta familiar. Fíjese en estas frases como ejemplo:

"Cuando lavo y no me ayudas, siento como si pensaras que es un trabajo que debo hacer yo por ser mujer".

"Cuando lavo, me encantaría que me dieras una mano, ya ves, es mucho más duro de lo que crees; tienes que arrodillarte, recoger ropa pesada, etc... Y se vuelve más pesada cuando la sacas para colgarla".

Ese es un enfoque completamente diferente al de "no me ayudas con la colada porque crees que soy inferior", que bien puede ser lo que un día Lisa acabe pensando e incluso gritando a menos que solucione este problema desde el principio de su relación.

Pero detengámonos un segundo, porque hemos llegado a un punto muy importante: *intente resolver cada problema aislado en su relación tan pronto como surja o tan pronto como sea posible.* Intentar resolver más problemas de una sola vez suele ser desastroso. La discusión acaba saltando de un punto a otro sin resolver ninguno (los expertos lo llaman "lógica de la pava").

Es más, si el problema se arraiga, es más difícil de erradicar y cuando lo saca a relucir siempre aparece la pregunta "¿Por qué no sacó esto antes?". Aunque puede ser legítima, esta pregunta desplaza el foco de atención de la solución del problema a una serie de recuerdos del pasado y acusaciones y hace retroceder la discusión...

Pero volvamos a nuestro punto principal; utilizar el *lenguaje de las emociones*, una vez más es la mejor oportunidad que tienes para abrirte paso en el corazón y en la mente de su pareja, y, al mismo tiempo, es la mejor manera de desencadenar una conversación racional orientada a una solución, y no a buscar culpables en el otro.

Mírelo como un reloj de arena: si empieza acusando sólo conseguirá una respuesta defensiva e irracional. Si, en cambio, empieza involucrando a su pareja y expresando sus emociones, obtendrá exactamente lo contrario: una discusión racional abierta y orientada a la solución.

Echemos la vista atrás por un momento. Hemos hecho grandes progresos. De verdad... Mire cuántos problemas y situaciones puede resolver ahora. Y como nos estamos acercando al final de este libro, ahora queremos pasar a un capítulo muy positivo... Y lo voy a dejar con un "ejercicio"... En su opinión, ¿qué hace que una relación sea perfecta?

...

10

LA RECETA PARA UNA BUENA RELACIÓN

Y por fin llegamos a un capítulo totalmente positivo, soleado, con mucha brisa... Hemos pasado por muchas cosas importantes en este libro, desde la comprensión de las dinámicas dentro de las relaciones, hasta cómo hablar de temas delicados o cómo afrontar los momentos críticos... También has conocido a casi todos mis "amigos imaginarios" y has visto que hay tantas situaciones diferentes en las relaciones que el mundo es su perla si se lo toma positivamente.

Ahora que estamos llegando al final de este libro, podemos ver todos los *ingredientes que necesita para tener una relación exitosa*. Pero antes de contarte mis ideas, me gustaría que hiciera una lluvia de ideas con las suyas... Como siempre, tómese su tiempo.

...

¿Qué cree que necesita para tener una buena relación? La mayoría de la gente piensa en valores, como el "respeto", y en realidad tienen razón. Pero también hay algunos ingredientes prácticos, como las habilidades de comunicación, y hemos visto hasta qué punto pueden marcar la diferencia entre una relación exitosa y otra fallida.

Así que, sin más preámbulos, ¡vamos e ello!

Respeto

Empecemos por esto. El respeto es tan fundamental en una relación que no podemos ignorarlo, ¿verdad? Una de las principales angustias en las relaciones es, de hecho, perder el respeto, o "no ser suficientemente respetado". Muy a menudo, incluso las traiciones se consideran una "falta de respeto".

Pero en muchas relaciones también ocurre que el respeto se da por sentado. Esto puede estar bien, pero le sugiero que *siga expresando su respeto a su pareja y anime a su pareja a hacer lo mismo con usted.*

Si lo siente en serio, dígalo. *Concéntrese en los rasgos positivos de su pareja y no los dé por sentado;* si hace algo bueno, elógielo. Asegúrese de que su pareja sabe que le tienes en alta estima...

Ya sabe que necesita **alimentar constantemente su relación**, y las palabras y los pequeños gestos son "el alimento" de las relaciones sanas.

Honestidad

Otra cualidad que puede hacer o romper una relación. "Pero seguramente nadie quiere ser deshonesto en una relación", se preguntará. Bueno... Digamos que en la mayoría de los casos, *empezamos con una imagen idealizada, de cuento de hadas e idílica de lo que será nuestra relación.* Esto está muy bien, pero en muchos casos esta misma "idea de cuento de hadas de nuestra relación" es la que acaba arruinándola.

Ejemplo... George y Melissa empezaron hace unos meses, y al principio todo era perfecto. Pero después de un tiempo, las cosas no eran tan perfectas como esperaban. Nada importante, en realidad, una cosa muy pequeña... A Melissa le gusta jugar al ajedrez y George le siguió la corriente. Ya sabes, cuando se está en la fase de enamoramiento le gusta todo lo que le gusta a su pareja. Literalmente, tenemos una percepción de la realidad "morfada". Realmente creemos en nosotros mismos que nos gustan ciertas cosas...

Pero luego el enamoramiento desaparece y vuelve esa perspectiva más "realista" de la realidad. Pero *no queremos perder la "idea de cuento de hadas de nuestra relación".* Y es porque queremos preservar ese ideal que a menudo empezamos a hacer dos cositas:

- *Mentirnos a nosotros mismos*
- *Mentir a nuestra pareja*

Estas pequeñas mentiras parecen justificadas al principio. Las vemos como mentiras blancas... Pero mentiras son y en una relación, pueden tener consecuencias. Así, George me llamó el otro día (todavía tienen teléfonos antiguos que "suenan" en el mundo de los amigos imaginarios) y me dijo que no puede enfrentarse a otra larga y aburrida partida de ajedrez, que es una "persona física a la que le gusta estar activa, caminar, hacer deporte, ¡no sentarse durante días delante de un tablero de ajedrez!"

Me olía un problema y por eso hice algunas preguntas de sondeo... Resulta que George seguía un patrón muy típico...

- Al principio, pensó que le encantaría jugar al ajedrez.
- Durante algunos meses estuvo bien, en cierto modo lo disfrutó.
- Luego empezó a aburrirse de él, pero *se dijo que muy pronto le volvería a gustar.*
- Ese "muy pronto" nunca ha ocurrido...
- No se lo ha contado a Melissa y tiene miedo de que, si lo hace, su "relación perfecta deje de serlo".

Verá, la primera mentira a uno mismo en realidad hace que sea difícil luego ser honesto con la pareja. Pero como puede notar todo sucede de manera perfectamente inocente... pero luego termina con un "secreto" de su pareja... Y eso es un problema. George no le ha mentido a Melissa, pero está guardando un secreto...

¿Adivine qué le dije?

...

Adivinó; le dije que se aclarara lo antes posible. No puede embotellar algo o acabará saliendo en el peor momento posible (años más tarde durante una discusión animada - así que, viene como un "arma" y no como una solución).

Siempre puede jugar al ajedrez con ella, por supuesto, pero tiene que ser sincero, consigo mismo y con Melissa. Necesita que ella entienda que *no la ha engañado fingiendo que le gustaba el ajedrez.* Este es un problema que tiene correctamente. Tiene que ser muy claro y decirle que al principio sí le gustaba, pero que ahora ya no...

Entonces habrá que tomar medidas prácticas (por ejemplo, necesitará a otra persona para jugar al ajedrez, etc.), pero la cuestión es que *hay que estar atento a las situaciones en las que se "esconde una pequeña cosa" a la pareja.* Esto puede llevar a más y más secretos y a una espiral descendente.

Por lo tanto, mantenga un ojo en las pequeñas cosas y mantendrá su relación limpia brillando con honestidad.

Flexibilidad

Hemos pasado mucho tiempo hablando de cómo cambian las relaciones. Pero quiero ver esto desde una nueva perspectiva. Ahora, hay algo que la gente definiría como "mágico" cuando empieza una nueva relación. Esas noches de luna y los paseos por un parque lleno de flores perfumadas son embriagadores...

Y nos aferramos a esos momentos con mucho cariño, pero también con la preocupación de que si la relación cambia, esos momentos no vuelvan a repetirse. Es la imagen de "cuento de hadas" de la que hablábamos en el apartado anterior... Esa misma imagen ideal puede ser un obstáculo para la flexibilidad.

Cuando las cosas son perfectas, no queremos cambiarlas. El problema es que incluso cuando ya no son perfectas, no queremos cambiarlas y si lo hacemos, queremos "volver a cambiarlas", no adaptarlas a la nueva situación.

Eso no es flexibilidad; es nostalgia.

Debe disfrutar plenamente de esa sensación efervescente y aromática que tiene durante la fase de enamoramiento. Pero tenga en cuenta lo siguiente: *no hay un solo cuento de hadas, puede haber muchos, y también muchas historias bonitas.*

Me explico, el hecho de que la primera fase llegue a su fin es inevitable. Pero en lugar de verlo como "el final de un cuento de hadas" mírelo como "el comienzo de una nueva historia". Quizá haya madurado y no sea un cuento de hadas, pero también hay novelas maravillosas para adultos, llenas de pasión y felicidad...

Valores Compartidos

Esta es una de las bases de las buenas relaciones. La mayoría de nosotros, al menos los adultos, buscamos una pareja con el mismo sistema de valores que nosotros. Una persona de izquierdas buscará una pareja de izquierdas; un vegano difícilmente se llevará bien con un carnicero. Ya sabe lo que quiero decir...

"Pero espere, ¡hay parejas que incluso tienen diferentes creencias religiosas!" Tiene razón. En algunos lugares son incluso bastante comunes, sobre todo en grandes crisoles como París o Londres. Pero hay una cosa clave que comparten: tienen una creencia religiosa o espiritual... Sólo eso es un fuerte vínculo.

Estas parejas tienen que negociar variables culturales y morales impresionantes, para ser sinceros. Diferentes tradiciones, fiestas, a menudo incluso idiomas... Pero las religiones tienen mucho más en común de lo que la mayoría de la gente cree. El sistema de valores básico de un cristiano, un budista, un musulmán, un judío, un sij, un hindú o incluso un animista es muy similar. Pero, por supuesto, hay muchos "desafíos".

Dicho esto, los registros muestran que las parejas multiculturales y multiconfesionales funcionan muy bien. Quizá el hecho en sí de tener que ponerse de acuerdo en temas muy importantes e íntimos les hace muy fuertes (¡y flexibles al mismo tiempo!).

Una vez que ha conseguido dar un paso tan grande, seguro que está preparado para enfrentarse al mundo con mucha confianza.

En realidad, es más difícil encontrar un acuerdo entre un ateo y un creyente, de *cualquier* creencia religiosa o espiritual. Por lo general, ateos y agnósticos se ponen de acuerdo y los creyentes también. Pero, de nuevo, esto no es una regla estricta.

Pero en cualquier caso, ***los valores y creencias compartidos son un fuerte elemento de unión en las parejas.***

No es necesario que compartan absolutamente todos los valores, pero una gran sección de valores es realmente fundamental para una pareja. Para empezar, evitarán discusiones interminables (¡créeme en esto!) También tendrán una misión compartida en algunos casos. Una pareja que ama a los animales puede trabajar junta en obras de caridad o en campañas por los derechos de los animales, por ejemplo...

Si "activa" sus valores compartidos, estas actividades también pueden convertirse en "alimento para su relación". Es más, harán mucho por conservar o aumentar el respeto y la estima mutuos.

Independencia

Hace tiempo, las mujeres se casaban y perdían toda independencia. Ese día de la boda era el comienzo de una vida en la que el marido se encargaba de la comida, la vivienda, etc. y la mujer asumía su "papel" de dependiente de él.

Esto todavía ocurre en algunas culturas, pero sería totalmente inaceptable para la mayoría de las mujeres modernas. El hecho es que si se depende totalmente de una pareja, se pierde mucha libertad. Muchas mujeres nacidas hace décadas nunca se divorciaron, no porque no quisieran, sino porque no podían permitírselo.

He mencionado el divorcio para mostrar un caso extremo, una falta de libertad tan grande que toda la relación depende de ella. Pero incluso en cosas pequeñas, la falta de libertad puede llegar a cansar y desgastar la relación.

Pero, ¿qué ocurre si uno de los miembros de la pareja no trabaja? ¿O es necesario que ambos tengan ingresos? Le voy a contar una historia, y esta vez no se trata de amigos imaginarios... Se trata de una pareja que conozco bien, nacida en 1942 (los dos). El marido trabajó la mayor parte de su vida (ahora ambos están jubilados). Pero, ¿sabe qué? Nunca administró su salario. Se lo daba todo a su mujer. Y entonces era la esposa la que le daba dinero de bolsillo...

Me parece una solución muy creativa. Verá, tener que pedir dinero a la pareja que tiene la cartera puede ser problemático. Pero si la persona que tiene el bolso no es el "sostén de la familia", todo el proceso se invierte.

Doy esto como una pista, algo a considerar y adaptar. Sin embargo, *si uno de los miembros de la pareja no tiene ingresos, el otro debe hacerlo independiente y no dependiente.* La diferencia es enorme... Dar a la pareja una suma razonable de forma regular, según su deseo, es una buena solución, sin utilizarla como herramienta para que se sienta "inferior".

Forzar a un miembro de la pareja a pedir dinero cada vez y, lo que es peor, a explicar por qué lo necesita es, como mínimo, humillante.

Variedad

Nada es tan agotador para una pareja como "repetir lo mismo todos los días, día tras día sin fin". A veces uno de los miembros de la pareja la lleva a un patrón de vida muy rutinario. A veces lo hacen los dos.

El hecho es que las rutinas son cómodas y nos sentimos seguros con ellas. Y, efectivamente, es necesario tener *algunas rutinas en la vida y en la relación.* El problema empieza cuando las rutinas son demasiadas, y uno de los miembros de la pareja empieza a sentirse un poco aburrido.

El aburrimiento en una relación es frustrante, y una de las causas más comunes es la televisión... Esa caja de entretenimiento tan práctica no es una buena amiga de las relaciones felices. Lo sé, es cómoda, es barata y, sobre todo, *está ahí.* Ir al cine requiere "ir un poco"...

También es más caro, lleva tiempo, hay que vestirse... Sobre todo si se está cansado del trabajo, la televisión es demasiado tentadora.

Pero, ¿cuántas parejas pasan prácticamente todas las noches frente al televisor? ¿Y con qué frecuencia cree que una pareja debería salir?

...

Por lo general, me parece que cuando las "salidas" empiezan a ser menos de una vez a la semana, podemos estar entrando en el "territorio del aburrimiento". No necesariamente. Me baso en la media de las parejas urbanas. En el campo la dinámica puede ser diferente. Si está en un apartamento de la ciudad, acaba pegado a la televisión. Si, por el contrario, vive en el campo, la copa de vino o la taza de té bajo un cielo estrellado suele ser mucho más atractiva que un reality show o incluso una comedia de situación... ¡Ciertamente, más que las noticias!

Eso puede ser romántico, y yo lo contaría como "salir". Pero mantén esa regla general como pauta: *al menos una vez a la semana intente hacer algo diferente, salir, divertirte...*

Y no haga lo mismo todas las semanas. Ese restaurante que tanto le gusta porque fueron en su primera cita puede saltarse una semana y probar algo diferente en su lugar.

¿Y qué pasa cuando se tienen hijos? Gran pregunta. Si vive cerca de sus padres o de sus suegros, o si tiene amigos que puedan ayudarle, intente mantener ese patrón de "una vez a la semana nos divertimos".

¿Y si no? Bueno, las niñeras son una opción, si puede permitirse una. Tal vez un amigo que necesite algo de dinero extra, un estudiante, etc. O... ¿Por qué no hace algo como "compartir coche"? Me explico... ¿Por qué no encuentra amigos con un hijo más o menos de su edad? Entonces puede hacer lo siguiente:

- Un día, usted sale y ellos cuidan de su hijo.
- Otro día, ellos salen y usted cuida a su hijo.
- Otro día, puede encontrarse en el suyo o en el de ellos...

Tendrá la ventaja adicional de pasar una velada social, que en cualquier caso es un buen descanso de las veladas rutinarias.

Comunicación

Bien, este ha sido el tema central de la mayor parte de este libro. Sin embargo, es tan importante que vale la pena repetirlo... Pero hay una cosa clave que debe entender sobre la comunicación:

- *Es fácil tener una buena comunicación en la pareja si se inicia una comunicación abierta al principio de la relación.*

Así que, si está en las primeras etapas de su relación, o si está a punto de empezar una, no desperdicie esos primeros meses. *Acostúmbrese a hablar de forma amistosa y abierta lo antes posible.* Una vez que haya desarrollado este hábito, intente mantenerlo. En realidad, haz todo lo que esté en su mano para mantener este hábito.

Tenga cuidado, porque *si hay una ruptura de la comunicación, y la pareja "se calla", es mucho más difícil reintroducirla.* A estas alturas se habrá dado cuenta de que en psicología y sociología nunca podemos subestimar *"el poder de la costumbre".* Es como el tabaquismo y todos los malos hábitos. Los adquirimos, a menudo sin ser siquiera conscientes de ellos. Pero una vez que algo se ha convertido en un hábito, es difícil de romper.

Si está en una de esas relaciones que "han enmudecido" trabaje para reintroducir la comunicación durante un tiempo prolongado y en pequeños pasos. Aquí tiene algunos consejos:

- *Empiece con temas fáciles de afrontar.* No empiece con el tema más emocional y problemático que tenga si es posible.
- *Mantenga charlas cortas y amistosas, pero frecuentes.* Una gran charla abierta seguida de meses de silencio no se convertirá en un patrón, un hábito, un "nuevo modus vivendi"...
- *Permita que su pareja se acostumbre.* Sea comprensivo y paciente, la gente tarda en cambiar rasgos de su comportamiento.
- *Considere que su pareja puede sentir cierto nivel de vergüenza.* Puede haber cierta incomodidad con los nuevos hábitos y hablar de cosas íntimas después de mucho tiempo puede ser vergonzoso.
- *Termine siempre con una nota positiva.* No deje ningún regusto amargo a su pareja o le resultará aún más difícil asumir ese nuevo hábito que quiere introducir. En su lugar,

cierre con algo muy positivo. Su pareja debe ser capaz de recordar la charla y sentirse cómoda con ella.

- Por esta razón, *hay que tener muchas charlas sobre cosas positivas.* Tendemos a hablar de cosas sólo cuando hay un problema. Especialmente en las relaciones. Pero, oiga, busque una excusa y tenga una charla sincera sobre algo positivo. Un cumplido largo pero sincero es perfecto. "Tengo que decirle lo orgullosa que estoy de que haya tomado la clase de arte y que me encanta su estilo...". Este tipo de conversación es perfecta para reiniciar la comunicación tras largas pausas, pero también para mantenerla viva. Así que, aunque tenga la suerte de no tener ningún problema durante meses o años, busque una excusa positiva para mantener vivo este hábito. Puede resultar muy útil más adelante...

Por lo tanto, la frecuencia, la positividad, los buenos finales, las charlas cortas y un poco de unión son excelentes cualidades de estas charlas. Y su relación puede depender de ellas.

Una Misión en Común

Una misión común puede ser la panacea de las relaciones. ¿Recuerda cuando hablamos de la dinámica de las relaciones? Algunas se cierran sobre sí mismas... ¿Qué ocurre entonces? Todo el estrés que viene de dentro y fuera de la relación se libera dentro, se empuja hacia dentro, como cuando se bombea un neumático de bicicleta. Esto puede hacer que el neumático reviente... en realidad, es más fácil hacer que una relación reviente con la presión del exterior que incluso un neumático débil.

Mientras que si tiene una misión común, tendrá una válvula, una salida, o incluso mejor un canal para convertir la presión del exterior en algo positivo y constructivo.

Algunas parejas se forman en torno a una misión, objetivo, pasión o meta común. Si conoció a su pareja a través de un grupo de acción o una organización benéfica, por supuesto que ya comparten una pasión.

Pero, ¿y si no lo hacen? La respuesta es sencilla, trate de encontrar una lo antes posible en tu relación. Puede ser una causa pequeña y local como, por ejemplo, dar de comer a los gatos del barrio, no hace falta que sea nada especialmente serio, exigente y complejo. En realidad, elija algo alcanzable. Querer salvar el mundo está bien, pero puede que sea pedirle demasiado a su relación...

Y esto nos lleva al siguiente punto

Un Sentido de Complicidad

Hacer cosas juntos, trabajar en un proyecto común puede mantener vivo ese sentido de complicidad que tienen las grandes relaciones. No subestime esto. Cuando se ponen en el papel de cómplices, son "iguales colaborando hacia un objetivo común". Eso mejora mucho la comprensión mutua e incluso la comunicación.

También es una forma de conocerse y, al mismo tiempo, *aprender a confiar en el otro*. Y, por supuesto, la confianza es lo siguiente.

Confiar en el Otro

Todos decimos que la confianza es indispensable en una relación. Y de hecho, lo es. La falta de confianza puede provocar situaciones tristes y, sobre todo, *celos innecesarios.* Perder la confianza de alguien también es muy perjudicial, porque la mayoría de la gente nunca perdona a quienes rompen su confianza y nunca se la devuelven. A menudo es una opción permanente, y una pareja no puede sobrevivir si no se mantiene la confianza o, si se pierde, se recupera después.

Pero, ¿cómo puede asegurarse de que su relación siga siendo de confianza? Hay muchas maneras y, por supuesto, la principal es no hacer *nunca nada que pueda costar la confianza de su pareja.* Antes de hacer algo, piense en las consecuencias.

Por otra parte, a veces la confianza "se desvanece un poco" en lugar de disolverse por completo de repente como un copo de nieve al sol... No hay nada grande y traumático, como una aventura a sus espaldas, pero poco a poco las cosas pueden volverse "menos brillantes".

En general, cuanto más antigua es una relación, más confianza hay en ella. Sin embargo, parece que ésta se acentúa al cabo de unos años (normalmente 7, que es el punto de inflexión de la mayoría de las relaciones).

Esto también puede deberse a cuestiones de estilo de vida. Si uno de los miembros de la pareja se ausenta a menudo por motivos de trabajo, si uno de los miembros de la pareja tiene una amplia red social (de trabajo), si uno de los miembros de la pareja viaja mucho, mientras que el otro no tiene estas cosas, entonces puede ocurrir que el segundo miembro de la pareja se ponga un poco celoso y pierda un poco la confianza.

¿Qué se puede hacer entonces? Por extraño que parezca, se trata de nuevo de la comunicación. Mantenga *conversaciones abiertas y sinceras con mucha regularidad y frecuencia.* El tema puede ser el que quiera, desde asuntos del mundo hasta sus amigos o incluso ustedes mismos. Pero deben ser, cortas, abiertas, sin secretos... Sólo eso puede mejorar mucho el nivel de confianza en una relación y reducir los episodios de celos.

Jovialidad

¡Oh, sí! Siga sintiéndose joven por dentro, mantenga viva esa alegría infantil en su relación. Creamos fuertes lazos con nuestros compañeros de juego, ¿no es así? Entonces, no deje de jugar. Las parejas muy juguetonas incluso se inventan "juegos internos", es decir, juegos a los que juegan solos, y saben cómo jugar.

A veces se hacen en las fiestas, con los amigos, e incluso las bromas pesadas pueden ser divertidas. Pero hay que tener en cuenta que, cuando se trata de otras personas, siempre hay que hacerlo sin mala intención...

Por otra parte, hay muchos juegos que se pueden realizar cuando se está solo, e incluso cuando se trata de la intimidad, un poco de juego inofensivo puede ser maravilloso. Le ayudará a hacer esos famosos cambios, pero también puede ayudarle a experimentar y probar cosas nuevas.

Además, puede enseñarles a no tomarse demasiado en serio...

Diversión y Risas

Por favor, por favor, por favor, ríase todo lo que pueda. Y hágalo *con su pareja (no de su pareja, por supuesto)*. Si le gusta contar chistes, adelante. Si le gusta hacer chistes, haga todos los que quiera. Pero incluso si no es un comediante, intente compartir momentos divertidos con su pareja.

Aquí el televisor (o una plataforma de vídeo, o el anticuado VCR... da igual) puede resultar útil. Mire comedias, películas divertidas y programas de humor. De hecho, asegúrese de tener una "tarde de risas" al menos una vez a la semana, y todas las semanas. Y, por favor, dese el gusto de ver a ese cómico que tanto le gusta cuando tenga un espectáculo cerca de donde vive...

Será una gran noche con su pareja, así que, algo genial que hacer, pero también es una "terapia de serotonina" para su relación. Y no puedo ni empezar a enumerar los efectos positivos de la serotonina (una hormona que se libera cuando nos reímos) en su salud, en sus capacidades mentales, en su estado de ánimo, en su vida emocional, en su nivel de estrés e incluso en sus relaciones sociales y personales. Y, de hecho, no lo haré...

Amistad

Por último, mantenga el lado de la amistad de su relación siempre encendido y vivo. Salir con los amigos ayuda a ello, pero también, como hemos dicho, jugar juntos. Lo importante es que siempre aprecies a su pareja también como amigo.

De hecho, en las relaciones súper felices los miembros de la pareja también se ven y se tratan como mejores amigos. Y cuando salen con otras personas, no aparecen tanto como una "pareja romántica", sino como una "pareja de amigos de latidos". Eso, a su vez, ayuda a que el círculo más amplio de amigos se mantenga joven, compacto y unido.

Lo sé, a estas alturas suelo bromear con el próximo capítulo. Pero esta vez no. De hecho, no hay ningún otro capítulo... Lo que sigue a continuación es una despedida de mi parte, ¿o tal vez sea au revoir?

CONCLUSIÓN

Vaya, vaya, vaya, ¿no hemos recorrido un largo camino? ¿Recuerda cuando nos conocimos? Yo sí, recuerdo los primeros pasos de este libro... ¡Y mire lo que sabe ahora! Ahora es básicamente un experto en relaciones. Y no me refiero a una persona que ha tenido muchas... Me refiero a que entiende bien cómo son las relaciones, cómo funcionan, qué necesitan y cómo puede afrontarlas con confianza, sin ansiedad y sin inseguridades.

En realidad -permítame decirlo- creo que ahora tiene la suficiente confianza y competencia para dar algunos buenos y sólidos consejos a sus amigos. ¿Quiere intentarlo? Probemos un último ejercicio sólo por diversión (y porque a estas alturas me he vuelto totalmente adicta al té...)

Piense en algún amigo suyo que tenga una relación. ¿Tiene algún consejo para mejorarla (o para enderezar algunos "pliegues" de su relación)?

...

Y sé que se le han ocurrido muchísimas ideas... Pero esto no es sólo para mirar atrás y ver los enormes progresos que ha hecho... Esto es también un consejo para usted... Sí, pensando en las relaciones de sus amigos. Ni siquiera es necesario que luego le cuente lo que se le ha ocurrido. Es decir, a menos que crea realmente que lo aceptarían y se beneficiarían de ello... No, la razón es que es *más seguro "pensar en ideas" para las relaciones de otras personas.* Es más seguro para su relación. Es sólo un ejercicio mental, mientras que si lo hiciera sobre usted y su pareja ya sería "algo más".

Así pues, **utilice el hecho de ser una tía agonizante, aunque sólo sea en su mente, sobre las relaciones de sus amigos como entrenamiento, para desarrollar sus propias habilidades, y sólo entonces aplique sus mejores ideas a su relación.**

Apuesto a que no esperaba un "truco del oficio" final en la conclusión de este libro... Se reiría de estar dentro de la mente de un psicólogo en un tren... A menudo hacen pequeños "experimentos de pensamiento" con los pasajeros. Como trabajar si hay un problema, cómo puede ser el problema, etc... Es sólo un entrenamiento con una habilidad, con una técnica. Y usted puedes hacer lo mismo ahora.

Intentemos recordar algunas de las muchas cosas sorprendentes que hemos descubierto sobre las relaciones en este libro... Por ejemplo, ¿quizás llegó pensando que una relación es fija, que nunca debe cambiar? Pues bien, ahora sabe muy bien que este mismo pensamiento es el que provoca mucha ansiedad, inseguridades e incluso problemas importantes.

De hecho, ahora sabe que las relaciones cambian y pasan por muchas etapas. Pero que también hay muchos tipos de dinámicas diferentes en las relaciones... Algunas son cerradas y otras abiertas, algunas son inclusivas, otras exclusivas, algunas unidireccionales, otras no, algunas son igualitarias, otras no...

Y ahora sabe que la clave para una relación feliz es no tener nostalgia de la primera fase, la del enamoramiento... eso es una idea de cuento de hadas.... ¿Pero se ha dado cuenta de que todos los cuentos de hadas se acaban en cuanto la relación empieza de verdad? Luego no le cuentan la verdad sobre Blancanieves... ¡El querido Príncipe Azul resultó ser un completo aburrido y ella volvió con los Siete Enanitos! Bromas aparte, esto es para recordar que *para ser feliz dentro de una relación ambos miembros de la pareja tienen que estar cómodos con ella en cualquier etapa*. Y esto a menudo implica cambiar la relación. Las cosas cambian y usted tiene que cambiar con ellas. No se puede tener el mismo estilo de vida antes y después de tener un bebé. Pregúntale a cualquier mamá o papá... En realidad, no hace falta ni que le pregunte, mire sus bolsas de los ojos durante el primer año más o menos y ya adivinará que muchas cosas han cambiado, incluso en el departamento de la cama...

Pero ahora también sabe que *la comunicación es fundamental para las relaciones y su éxito.* Hemos dedicado bastante tiempo a aprender cómo podemos comunicarnos eficazmente. Pero también sabe que *la comunicación debe mantenerse viva.* Las charlas numerosas, frecuentes, positivas y sinceras son las que mantienen vivas y felices las relaciones.

Aquellas relaciones en las que los miembros de la pareja se guardan las cosas durante semanas, meses -incluso años- y luego todo desemboca en una discusión masiva que dura un día entero y que la gente de la ciudad cercana confunde con fuegos artificiales... Esas relaciones tienen serios problemas. Pero aquellas en las que los miembros de la pareja hablan con frecuencia, en la mayoría de los casos ni siquiera llegan a la fase en la que se inicia la discusión masiva.

Pero por si acaso, ahora ya conoce la forma en que *los profesionales evitan, desactivan y desescalan las discusiones,* y puede aplicarla a su relación. O incluso explicárselo a sus amigos si tiene algunos que discuten demasiado. Se lo agradecerán.

Pero, de nuevo, ahora sabe que hay muchos tipos, o arquetipos como los llamamos, de relaciones y *tener confianza en su relación también significa encontrar la receta correcta, el equilibrio adecuado de rasgos de todos estos arquetipos.*

Y, de nuevo, hemos visto lo importante que es *poder cambiar sin problemas en una relación.* De hecho, es una técnica que ha sido desarrollada curiosamente por una comunidad muy inesperada, ¿recuerda? Pero la psicología no juzga, y tomamos lecciones donde-quiera que podamos conseguirlas.

Muchas otras cosas han hecho de este viaje lo que ha sido. Espero que le haya resultado útil, informativo, colorido y, a veces, incluso divertido, ¡porque reírse ayuda a recordar cosas! Y espero que le hayan gustado todos mis "amigos imaginarios". Sobre este tema, sólo un punto ético: los psicólogos tienen que ocultar la identidad de sus pacientes cuando hablan de ellos, incluso en los estudios académicos formales, los nombres son todos falsos, pero las historias son reales...

Y ciertamente lo he disfrutado, y espero que usted también.

Y si me necesita de nuevo, ya sabe dónde puede encontrarme... No - no en el armario; ahí es donde bebo mis tés adictivos... ¡puede encontrarme en una estantería!

BIBLIOGRAFÍA

Y si quiere saber más, si quiere desarrollar un área que hemos visto en este libro un poco más en detalle, ¡aquí tiene algunos libros muy útiles para elegir!

Abril, P. C. (2020). *The Anxiety Getaway: How to Outsmart Your Brain's False Fear Messages and Claim Your Calm Using CBT Techniques (Science-Based Approach to Anxiety Disorders)*. Mango.

Bancroft, L. (2003). *Why Does He Do That?: Inside the Minds of Angry and Controlling Men* (Reprint ed.). Berkley Books.

Berne, E. (2016). *Games People Play: The Psychology of Human Relationships* (Penguin Life) (01 ed.). Penguin Life.

Butler, G. (2021). *Overcoming Social Anxiety and Shyness, 2nd Edition: A self-help guide using cognitive behavioural techniques* (Overcoming Books) (2nd ed.). Robinson.

Deguchi, H. (2021). *THE REAL RICH LIFE: Unlock the Secrets of Relationships*. Independently published.

Douglas, G. M. (2013). *Divorceless Relationships*. Access Consciousness Publishing Company.

Evans, P. (2010). *The Verbally Abusive Relationship, Expanded Third Edition: How to recognize it and how to respond* (Third ed.). Adams Media.

Hill, C., & Sharp, S. (2020). *How to Stop Overthinking: The 7-Step Plan to Control and Eliminate Negative Thoughts, Declutter Your Mind and Start Thinking Positively in 5 Minutes or Less*. Indy Pub.

Kingma, D. R. (1998b). *A Lifetime of Love: How to Bring More Depth, Meaning and Intimacy Into Your Relationship (Lasting Love, Deeper Intimacy, & Soul Connection)* (2ª ed.). Conari Press.

Life, T. S. O., & Botton, D. A. (2018). *Relationships (The School of Life Library)* (Illustrated ed.). The School of Life.

Ma, C. A. (2017). *The Anxiety Workbook: A 7-Week Plan to Overcome Anxiety, Stop Worrying, and End Panic* (Workbook ed.). Althea Press.

MacKenzie, J., & Thomas, S. (2019). *Whole Again: Healing Your Heart and Rediscovering Your True Self After Toxic Relationships and Emotional Abuse.* Tarcher Perigee.

Odessky, H., & Duffy, J. (2017). *Stop Anxiety from Stopping You: The Breakthrough Program For Conquering Panic and Social Anxiety.* Mango Media.

Welwood, J. (2007). *Perfect Love, Imperfect Relationships: Healing the Wound of the Heart* (42095th ed.). Trumpeter.

Winston, D. (2017). *The Smart Girl's Guide to Polyamory: Everything You Need to Know About Open Relationships, Non-Monogamy, and Alternative Love.* Skyhorse.

CPSIA information can be obtained
at www.ICGtesting.com
Printed in the USA
BVHW081023250221
601118BV00002B/171